KB234812

이젠 내 힘으로
공부할 수 있어요

이젠 내 힘으로
공부할 수 있어요

허일범 · 이수진 지음

한국학술정보(주)

머리말

　학업문제는 학생들의 학업성취를 비롯하여 행동이나 정서에까지 영향을 미치기 때문에 학습 전략적 측면을 고려한 인지적 접근뿐만 아니라 행동적 · 정서적 측면을 동시에 고려한 종합적인 접근이 필요하다. 자기조절학습은 동기, 행동, 인지적 측면을 동시에 고려하여 지도할 수 있는 학습이론임에도 불구하고, 그동안 인지조절 측면을 강조한 학업성취 향상에 중점을 두고 적용되어 왔다. 반면에 상담적 접근 방법인 현실요법은 성취동기를 향상시키고, 내적 통제력을 길러 학습습관을 개선하는 데 강점을 가지고 있다. 그러므로 학생들의 학습습관, 성취동기, 학업성취도를 동시에 향상시키기 위해서는 자기조절학습의 학업성취 측면의 강점을 살리고, 동기와 행동 측면을 보완할 수 있는 현실요법과의 통합이 필요하였다.

　저자가 개발한 프로그램은 동기조절 4회기, 행동조절 6회기, 인지 및 초인지 조절로서의 읽기 학습전략 5회기, 수학 문장제 해결전략 5회기, 시작 회기와 정리 회기가 각각 1회기로 총 22회기로 구성되어 있다. 동기조절 프로그램에서는 자신의 기본욕구를 이해하고, 좋아하는 것과 잘하는 것의 탐색을 통하여 자신의 구체적인 목표를 세우도록 하였으며, 나아가 성취의 가치를 스스로 인식하게 구성하였다. 행동조절 프로그램에서는 일상생활 계획표를 만들고 수정하여 지속적으로 실천하도록 하였으며, 도움 구하기 및 학습 자원관리 계획을 세우고 올바른 학습행동을 선택하도록 하였다.

　인지 및 초인지조절 프로그램은 읽기 학습전략과 수학 문장제 해결전략을 익힐 수 있도록 구성하였다. 읽기 학습전략은 시각 바꾸기, 훑어보기, 질문하기, 답 찾으며 읽기, 통합하기, 글로 표현하기 등 6단계로 개발하여 각 단계를 차례대로 익힌 후에, 맨 나중에는 종합적으로 적용하도록 하였다. 수학 문장제 해결전략의 단계는 읽기, 바꾸어 말하기, 그림으로 나타내기, 계획하기, 계산하기, 검산하기 등 6단계로 구성되어 있으며, 회기마다 수준을 높여 가며 지도할 수 있도록 개발하였다.

본 '현실요법적 자기조절학습 상담 프로그램'(Reality therapeutic Self-regulated learning Counseling Program: RSCP)은 목적에 따라 동기조절, 행동조절, 인지 및 초인지조절 영역으로 구분하여 개발되었다. 즉 동기조절 프로그램을 통해서 성취동기 향상을, 행동조절 프로그램을 통해서 학습습관 개선을, 인지 및 초인지조절 프로그램을 통해서 학업성취 향상을 목적으로 개발하였다. 그러므로 이 프로그램을 적용하면 성취동기, 학습습관, 학업성취가 향상될 것으로 기대된다.

학업성취 수준이 다른 집단에 대한 기대 효과를 살펴보면, 본 프로그램은 학업성취 수준이 높은 학생들뿐만 아니라 낮은 학생들에게도 효과가 있을 것으로 기대된다. 학업성취 수준이 높은 학생들은 인지 및 초인지 능력이 더 발달되어 있으므로 학습전략의 적용 측면에서 프로그램의 효과를 더 많이 기대할 수 있다. 반면에 학업성취 수준이 낮은 학생들은 학업성취 수준이 높은 학생들보다 발달 가능성을 더 많이 가지고 있으며, 현실요법적인 방법으로 정서적·행동적 문제해결이 가능하므로 성취동기나 학습습관 개선에 더 많은 향상이 있을 것으로 기대된다. 뿐만 아니라 학업성취 측면에서는 두 집단 모두 유의미한 향상이 있을 것으로 기대된다. 학습전략, 학습습관, 성취동기의 향상은 학업성취 향상으로 이어지기 때문이다.

이 책은 대표 저자의 박사학위논문에 적용하였던 프로그램을 이수진 교수님과 함께 보완하여 출판하게 되었다. 대표 저자의 박사학위논문의 내용은 한국학술정보(주)에서 『현실요법적 자기조절학습 상담 프로그램』이라는 제목으로 출판되었다. 이번에 출판하게 되는 이 책과 『현실요법적 자기조절학습 상담 프로그램』은 실험연구를 하려는 연구자나 학생들의 학업문제를 처치해 주려는 실천가에게 도움을 줄 것으로 기대된다.

프로그램 부문에 많은 도움을 주신 정진선 교수님, 이론적 토대를 공고히 하도록 지원해 주신 양민화, 박경애, 도승이 교수님께 진심으로 감사드린다. 아울러 본고를 출판할 수 있도록 허락해 주신 한국학술정보(주) 채종준 대표이사님과 권성용님, 그 밖의 임직원 여러분께도 감사의 뜻을 전한다.

2011년 3월
허일범

/C/O/N/T/E/N/T/S/

Part 01

프로그램 개관

1. 필요성 및 목적

교육학 분야에서는 오랫동안 학습에 대한 연구를 진행해 왔다. 과거의 연구들은 학습에 영향을 미치는 여러 요인들 중에서 어느 한 가지 요인을 중심으로 연구를 수행해 왔다. 1950년대는 학습자의 정신능력이 학업성취에 결정적이라 보고 이에 대한 개념과 측정에 집중하였으며, 1960년대는 학습의 사회적 환경에 주목하였고, 1970년대는 우수한 교육 프로그램을 개발하는 데 역점을 두었다(양명희, 2000). 그러나 현재의 연구들은 인지적인 측면과 함께 정의적 측면을 통합하여 학업성취 현상을 설명하고 있다(Howard-Dose & Winne, 1993). 이는 학습이 실제로 이루어질 때 여러 요인들이 분리되어 영향을 미치지 않고 서로 밀접한 관련을 맺으며 종합적으로 영향을 미친다는 것이 인식되었기 때문이다.

학교 현장에서 지향하는 학습은 모든 학생들이 일정 수준에 도달하는 완전학습이지만 현실적으로 학업성취에 차이가 나는 것은 불가피한 현상이며(김아영, 주지은, 정소영, 2005), 학업성취 수준이 상대적으로 높은 학생들도 자신의 결과에 만족하지 못하는 경우가 많다. 이러한 상황을 그대로 방치해 둘 경우, 학업성취에 부정적인 영향을 줄 뿐만 아니라 다른 아동들과 어울리지 못하고, 자아개념에도 손상을 입는 등의 행동적 · 정서적 문제까지도 유발될 수 있다. 특히 학습량이 늘어나고 학습의 내용도 어려워지는 상급학년으로 올라갈 수록 학업과 행동의 결함은 더욱 심각해질 수 있다. 따라서 학업성취에서 비롯된 학업문제의 해결은 학습 자체뿐만 아니라 정서와 행동 요소에도 긍정적인 영향을 미친다.

대부분의 교과 수업에서 학습자의 동기 없이는 학습이 이루어질 수 없다. 즉 학습자의 동기유발이 학습 효과에 결정적인 역할을 하기 때문에(송상호, 1998), 동기가 결여된 학습자에게는 새로운 교수법의 효과를 기대하기가 어렵다(박성혜, 김혜경, 채우기, 권균, 1999). Keller(1983)는 동기를 행동의 정도와 방향을 결정짓는 요인으로 보았다. 그는 동기가 사람들이 어떤 경험이나 목적을 추구할 것인지 혹은 회피할 것인지를 결정짓는 요인이며, 동시에 그들의 선택된 방향에 대한 노력의 정도에 영향을 미치는 것이라고 밝혔다.

학업성취에 영향을 미치는 행동요인으로 학습습관을 들 수 있다. Prather(1983)는 공부를 못하는 학생들의 문제가 능력문제가 아니라 학습습관이 잘못되었기 때문이라고 주장하였다. 특히 학습습관 중에서도 시간관리 기술이 학업에 대한 노력을 가장 잘 예언해 주는데(Bawman, 1981), 시간관리 기술은 학습습관뿐만 아니라 동기와 학업성적에도 영향을 미친다고 보고되었다(Driskell & Kelly, 1980; Walter & Siebert, 1981).

학습상황에서 사용되는 이론들 중 동기, 행동, 학업성취를 동시에 고려하고 있는 이론은 자기조절학습 이론이다. 자기조절학습의 기존 연구 경향을 양분하면, 인지 및 초인지에 집중한 관점과 인지 · 동기 · 행동적 측면을 망라한 관점으로 대별된다(정미경, 1999; 박병기, 정기수, 김선미, 이종욱, 2005). 최근 들어 인지조절, 동기조절, 행동조절, 환경조절 등을 통합하려는 관심이 늘고 있는 것은 사실이지만, 그동안의 주된 연구 경향은 인지조절을 강조하는 것이었다(권성연, 2002; 박승호, 2004; 박병기 등, 2005).

이러한 인지조절에 대한 관심은 인지와 초인지 요소들을 효과적으로 사용할 수 있는 학습전략을 개발하여 학생들에게 적용함으로써 학업성취 향상에 기여하였다. 교육과학기술부(2008)도 '2007년 국가수준 학업성취도' 평가결과를 발표하면서 초·중·고 학생 모두 자기조절학습 능력이 높을수록 국어, 사회, 수학, 과학, 영어 교과의 학업성취도가 높게 나타났다고 밝혔다. 이처럼 자기조절학습 관련 연구가 인지조절 중심의 접근으로 학업성취도 향상 측면에서는 성과를 거두었으나, 동기적인 측면과 행동적인 측면을 소홀히 다루어 왔다는 것도 사실이다.

동기적 측면을 고려한 기존의 자기조절학습 연구들은 프로그램 속에 동기조절 영역을 포함시켜 적용하기보다는 상관관계를 밝히는 연구들(Pintrich & DeGroot, 1990)과 특정 모형(Zimmerman과 Martinez-Pons의 자기조절학습 모형, ARCS 모델)을 적용한 후 동기 요인의 변화를 측정한 연구들(김용수, 1998; 봉갑요, 2004; 유경호, 2004)이 대부분이다. 행동적 측면을 고려한 자기조절학습 연구들도 특정 요소(시간관리, 도움 구하기 등)와 학업성취 또는 자기조절학습과의 관계를 탐구한 것들(Prather, 1983; Zimmerman & Martinez-Pons, 1986, 1990; 정택희, 1987; 양명희, 2000)은 많은 반면, 자기조절학습이 학습습관에 미치는 영향을 연구한 실험연구는 거의 없는 실정이다. 초등학생들은 스스로 행하여 무엇인가를 성취하면 근면성을 갖게 되지만 그렇지 못할 경우에는 열등감을 갖게 된다는 점을 고려해 보았을 때, 이들의 행동에 초점을 맞춘 학습습관 지도가 필요하다.

학업문제의 원인이 학생들의 정서적·행동적 요인에 결함이 있을 때, 상담을 통해 학업에 장애가 되는 요인을 제거함으로써 학업성적을 향상시키려는 방법이 상담적 접근방법이다(Gilbreath, 1967). 현실요법은 내담자가 내재적인 통제력을 길러 올바른 행동을 선택할 수 있도록 지속적으로 도움을 주는 상담과정(김인자, 2005)으로 성취동기 향상과 학습습관 개선에 효과적이다.

현실요법에서는 바람(Want) 탐색하기, 행동(Doing) 탐색하기, 평가(Evaluation)하기, 계획(Plan)하기라는 과정을 적용하여 내담자의 동기와 내적 통제력을 향상시키는 것을 중요하게 다룬다. 즉 참여자의 기본욕구와 바람, 좋은 세계(quality world)를 탐색함으로써 내담자가 원하는 것을 올바로 인식시켜 성취동기를 향상시킨다. 또한 자신의 행위와 행동방향을 탐색하고 자신이 하고 있는 행동이 바람을 이루는 데 적절한지 평가하여 새로운 시도를 해 보게 하는데, 이러한 접근은 내적 통제력을 향상시켜 학습습관을 개선하는 데 효과적이다. 아울러 적절한 행동을 실행하면 생각이나 느낌, 신체적 긴장감까지 호전시킬 수 있다고 주장하는데(Glasser, 1998a), 이러한 행동 우선적인 접근을 내담자가 이해하고 실행한다면 학습습관을 개선할 수 있다.

현실요법을 초등학생들에게 적용하여 성취동기를 향상시키고 내적 통제력을 증진시키고자 하는 연구들은 긍정적인 결과를 보고하고 있다. 정영옥(2004)은 성취동기와 내적 통제력이 유의미하게 향상되었다고 보고하였고, 심윤영(2006)도 내적 통제력과 학습동기가 의미 있게 향상되었다고 보고하였다. 김은미(2003)와 라주섭(2007)도 현실요법 프로그램이 성취동기 향상에 효과가 있었다고 보고하였다.

이와 같이 현실요법이 성취동기 향상과 학습습관을 개선할 수 있는 내적 통제력 향상에 많은 연구가 이루어진 반면, 자기조절학습에 대한 연구는 인지 및 초인지조절 측면을 강조한 학업성취 향상에 초점을 두고 진행되어 왔다. 그러나 학습상황에서의 동기와 습관의 중요성에 비추어 볼 때, 학생들의 학습습관을 개선하고 성취동기 및 학업성취도를 동시에 향상시키려는 노력이 필요하다. 그러므로 자기조절학습과 현실요법을 통합한 프로그램(Reality therapeutic Self-regulated learning Counseling Program: RSCP)을 개발하여 학습자의 성취동기, 학습습관, 학업성취도 향상에 기여하고자 한다.

2. 이론적 배경

1) 자기조절학습의 의미와 이론적 발달

자기조절학습에 대한 이론과 연구는 학생들이 어떻게 자기 자신들의 학습과정을 익히는가에 대한 물음이 제기되면서 1980년대 중반에 출현하였다(Zimmerman, 2001). 자기조절학습의 개념과 관련된 입장은 인지적 · 동기적 ·

행동적 측면을 동시에 고려한 입장과 인지적 측면에만 집중하여 초인지와 유사한 개념으로 사용하는 입장으로 크게 구별된다(정미경, 1999; 박병기 등, 2005). 먼저 인지적 · 행동적 · 동기적 측면을 동시에 고려한 입장을 살펴보면, Corno와 Mandinach(1983)는 자기조절학습 능력을 "초인지적 · 동기적 · 행동적으로 학업성취를 촉진하여 학습에서 지식을 획득하는 능력"이라고 하였다. Zimmerman(1989)은 자기 조절된 학습자를 "초인지적 · 동기적 · 행동적으로 학습에 참여하는 능동적인 학습자"라고 정의하였다. 그는 자기 조절된 학습자가 학습과정에서 자기 평가, 조직화 · 변형화, 목표설정 · 계획수립, 정보탐색, 기록유지 · 모니터링, 환경의 구조화, 시험지하기, 교재 복습하기 등을 자발적으로 수행한다고 하였다.

　반면에, 자기조절학습의 인지적 측면에 집중하여 초인지와 유사한 개념으로 정의한 입장을 살펴보면, Corno(1986)는 "학습 내용에서 연합적 망을 조직 · 심화하며, 심화된 과정을 점검 · 개선시키려는 자발적인 노력"이라고 정의하였다. 이 같은 정의는 자기조절학습의 초인지전략과 의지적인 면을 강조한 것이다. 그에 따르면 효율적인 인지전략을 지니고 있더라도 초인지 통제를 잘하지 못하면 학습에 실패할 수도 있다는 것이다. Pintrich와 DeGroot(1990)는 "학습자가 자신에게 주어진 학습 자료를 지각한 후에 그것을 조작하여 장기기억에 저장했다가 필요할 때 인출해 내는 인지능력과 인지를 관리하고 통제하는 초인지 능력"을 자기조절학습 능력으로 정의하였다. Flavell(1997)은 초인지적 지식이 학습자의 학업성취에 영향을 미치며, 학습자로서 자기 자신에 대한 지식, 학습과제의 본질에 대한 지식, 그리고 전략에 대한 지식을 포함한다고 하였다.

　본 프로그램에서 향상시키고자 하는 성취동기는 동기요인과, 학습습관은 행동요인과, 학업성취는 인지 및 초인지 요인과 가장 관련이 깊다. 따라서 본 프로그램에서의 자기조절학습은 동기, 행동, 인지 및 초인지 요인을 모두 포함하는 의미를 갖는다. 그러므로 본 프로그램에서는 자기조절학습을 '자신의 동기와 학습 행동을 자기 평가하여 스스로 조절하며, 인지능력과 초인지 능력을 효율적으로 활용하는 학습'이라고 정의한다.

　1980년대 자기조절학습에 대한 본격적인 연구가 시작된 이래 행동주의에서

인지구성주의까지 다양한 이론적 관심을 받으면서 진행되고 있다. 자기조절학습의 이론은 조작적 관점, 현상학적 관점, 정보처리 모델의 관점, 사회인지적 관점, 의지적 관점, 비고츠키적 관점, 인지적 구성주의 관점 등 7가지로 분류되며, 각 관점에 따라 학습자가 자기조절을 하는 동기, 자기 인식, 자기조절 과정, 사회적 · 개인적 환경의 영향, 자기조절 능력을 습득하는 방법에 있어서 다른 입장을 취하고 있다. 본 프로그램에서는 조작적 관점, 정보처리적 관점, 의지적 관점의 행동통제, 비고츠키적 관점을 부분적으로 적용하였다.

조작주의 이론가들은 자기조절된 행동을 모두 조작행동으로 간주한다. 개인이 스스로 강화 자극이나 벌 자극을 제공하면서 그들의 행동 가능성을 변화시키기 위해 환경을 다양한 방법으로 조절할 때 행동이 자기조절 된다고 보는 것이다(Mace, Belfiore, & Hutchinson 2001). 조작주의 연구자들은 학습자가 자기조절을 하려면 자기점검과 자기 기록이 중요하다고 강조한다(Zimmerman, 2001).

자기조절학습에 대한 정보처리 관점은 기억이 작업에 바칠 수 있는 자원을 제한하지만, 청크(chunk) 단위로 꾸러미화함으로써 실질적으로 확장될 수 있다고 본다(Winne, 2001). 의지적 관점의 전통적인 이론은 동기 이론적 틀 안에서 의지를 설명하려 했으나, Kuhl(1984, 1985)은 동기(motivation)와 의지(volition)를 구분하고, 의지가 의도한 행동을 유지하고 실천하는 데 힘을 주는 결정 후의 자기조절 과정이라고 보았다. 비고츠키적 관점을 가진 연구자들은 자기조절되는 동안 언어의 역할에 관심을 가졌다. 그들은 지식과 자기통제의 자원으로서 어른과 아이들 간의 쌍방대화에 관심을 집중하였다(Zimmerman, 2001).

본 프로그램에서는 조작적 관점의 자기 점검과 자기 기록을 생활계획표 실천정도를 기록하고 점검하는 데 적용하였으며, 정보처리적 관점에서 정보를 청크(chunk)단위로 꾸러미화해야 장기기억에 도움이 된다는 주장을 읽기 학습전략에 반영하여 의미단위로 읽도록 하였다. 의지가 의도한 행동을 유지하고 실천하는 데 힘을 주는 결정 후의 자기조절 과정이라는 의지적 관점은 자신의 행동을 통제하고 선택하도록 지도하는 데 반영하였으며, 비고츠키적 관점의 언어의 중요성은 수학 문장제 해결전략에 반영하여 문제를 해결할 때 자기 말하기를 시도하도록 지도하였다.

2) 자기조절학습의 구성 요소

(1) 동기적 요인

① 자기 효능감

Bandura(1986)는 인간의 행동에 가장 큰 영향을 미치는 요인은 특정한 목표를 성취하기 위한 자신의 수행능력에 대한 판단이라고 주장하였다. 그는 자기 효능감이 특정한 시기에 특정한 유형의 과제를 수행할 수 있을 것인지에 대한 자신의 능력에 대한 판단과 관련이 있으며, 이것은 성공에 대한 기대와 밀접하게 연계되어 있다고 하였다(Bandura, 1986, 1993, 1997).

지각된 자기 효능감은 성취상황에서 사람들의 행동과 사고, 그리고 정서적 반응에 영향을 줄 수 있다. 사람들은 그들의 능력을 벗어난 것으로 보이는 과제와 상황을 회피하려 하며 스스로 처리할 수 있다고 판단되는 활동을 찾는다(Bandura, 1986, 1993). 자기 효능감이 높은 사람일수록 자신의 수행목표를 높게 설정하고(Loke & Latham, 1990, 1994; Zimmerman & Bandura, 1994; Zimmerman, Bandura, & Martinez - Pons, 1992), 과제를 더 오랫동안 지속한다(Bouffard - Bouchard, 1990; Zimmerman, 1995). 또한 자기 효능감 판단을 통하여 직업 선택을 예측할 수 있다는 연구들도 있다(Hackett & Betz, 1992; Hackett, 1995). 학습자들이 학업상황에서 자기 효능감을 판단하는 데는 정보의 네 가지 주요한 근원, 즉 실제 경험, 대리 경험, 언어적 설득, 생리적 각성이 있다고 하였다(Schunk, 1989, 1990; Bandura, 1986).

② 목표 설정

목표 이론가들에 따르면 인간은 동일한 행동에도 각기 다른 이유를 가지고 과제에 참여하는데, 그 이유는 노력, 지속성 또는 기타 관찰 가능한 행동만큼 중요하다. 목표 이론가들은 학생들의 목표를 변화시켜서 부적절한 행동을 수정하려고 한다(Stipek, 2002). Wentzel(1989, 1991)의 연구에 따르면, 학생들은 종종 교사가 의도하는 것과는 다른 목표를 갖고 있다. 그는 고등학생들에게 12가지의 목표를 제시하고, 학교에서 수행할 목표로 어느 것을 선택하는지를 질문하였다. 평점 평균이 중간 정도에 해당되는 학생들은 '친구와 새로 사귀거나 친구와 친하게 지내기'를 1위로 선택하였으며, 성적이 최하위권인 학생들은 '재미있는 일을 하는 것'을 1위로 선택하였고, 성적이 최상위권인 학생들만이 '학습'을 가장 중요한 목표로 선택하였다. 이러한 사실은 학생들이 학교생활에서 설정하는 목표가 학습보다는 학습 이외의 것이 더 많다는 것을 보여 준다. 그러므로 학교에서는 학생들이 학습을 학교생활의 목표로 삼을 수 있는 동기 유발 방안을 강구하여야 한다.

학생들은 실패할 수밖에 없는 비현실적인 목표를 세우거나 너무 쉬워서 어떤 학습도 일어나지 않을 것 같은 목표를 설정해서 자신감을 약화시키는 경우가 있다. 학생들에게 목표를 설정하는 방법을 가르치는 것은 매우 중요하다(Stipek, 2002). 개인적 목표 설정은 효능감을 높게 하고(Schunk, 1985), 성취수준을 향상시키는 것으로 밝혀졌기 때문이다(Hom & Murphy, 1985). 목표가 구체적이고, 피드백이 목표와 관련된 수행 정보를 제공해 줄 때, 목표 설정은 수행에 가장 효과적이다(Locke & Latham, 1990, 1994).

③ 성취가치

성취할 내용에 가치를 부여하는 학습자는 그렇지 않은 학습자보다 더 많은 노력을 투자할 것이고, 다소 어려운 문제라도 참고 해결하려 들 것이다. Eccles 와 Midgley(1989)는 주어진 학습을 가치 있게 여기는 이유를 '성취가치'라고 하였다. 그들은 성취에 대한 가치를 느끼지 않으면 비록 성공에 대한 가능성이 높다고 하더라도 학습내용에 몰두하지 않는다고 주장하였다.

Eccles 등(1983)은 성취와 관련된 가치로 습득가치, 활용가치, 내재적 가치등 세 가지를 내세웠다. 습득가치(attainment value)는 어떤 과제나 성취 영역에서 수행을 잘 할 수 있을 것인가에 대한 주관적 중요성을 의미하며, 그것은 그 과제나 영역이 개인의 요구를 어떻게 실현시켜 주느냐에 따라 결정된다. 그리고 활용가치(utility value)는 과제 그 자체와는 관계가 없을 수도 있지만 목표를 달성하는 수단으로써 과제에 대한 유용성을 의미한다. 예를 들어 특정한 학교에 진학하기 위하여 해당 과목을 열심히 공부하는 경우를 말한다. 또한 내재적 가치(intrinsic value)는 어떤 과제를 수행함과 동시에 얻을 수 있는 즐거움을 말한다. 따라서 내재적 가치가 있는 과제를 수행하는 것은 어떤 다른 목적 때문이 아니라 과제 그 자체가 주는 즐거움 때문이다.

(2) 행동적 요인

① 시간관리

전통적으로 학업시간 연구는 학습에 필요한 시간을 학업 적성으로 보았다. 그러나 최근의 연구들은 학습시간을 계획하고 통제하는 학습자들의 인지과정에 초점을 맞추면서 효과적인 학습시간의 관리가 계획이나 목적설정과 같은 학습전략으로부터 나온 결과임을 보여 준다. 다시 말해서 효과적인 학습시간의 관리는 학습자들이 자신의 학습과 수행을 자기 조절한 결과라고 볼 수 있다(양명희, 2000).

Prather(1983)는 공부 못하는 학생들의 문제가 능력 부족이 아니라 학습기술이나 학습습관에 잘못이 있다고 주장하였다. 특히 다른 어느 학습기술보다도 시간관리 기술이 학업에 대한 노력을 가장 잘 예언해 주며(Bawman, 1981), 짧은 기간의 훈련만으로도 시간을 효율적으로 사용할 수 있도록 해주고 학업성적이나 학습습관의 향상뿐만 아니라 학습에 대한 동기 형성에도 효과가 있는 것으로 나타났다(Driskell & Kelly, 1980; Walter & Siebert, 1981). Macan 등(1990)도 시간관리 능력이 인지적인 결과뿐만 아니라 만족도, 자아효능감과 같은 정의적인 영역에도 영향을 미친다고 보고하였다. Britton과 Tesser(1991)는 시간을 효과적으로 관리하는 능력이 지능보다 학업성취를 더 많이 예언하고, 자아효능감과 목적 설정과도 밀접한 관련성이 있다고 주장하였다.

② 도움 구하기

효율적인 학습에는 때때로 다른 사람의 도움이 필요하다. 그러나 이는 학습에 도움을 주도록 생산적인 방식으로 이루어져야 할 것이다. 즉 학습 내용을 이해하기 위해서 선생님이나 유능한 동료에게 물어보는 것은 생산적이라 할 수 있으나, 과제를 대신해 달라고 하거나 직접적으로 정답을 요구하는 것은 그렇지 못하다(양명희, 2000; 유경호, 2004). 도움 구하기가 교실 상황에서 어떤 학습자에게는 능력의 부족을 나타내는 적합하지 못한 행동으로 지각되기도 하지만(Graham & Baker, 1990), 높은 성취를 보이는 학생은 선생님이나 친구들에게 도움을 자주 청한다(Karabenick & Knapp, 1991, Zimmerman & Martinez-Pons, 1986). Karabenick와 Knapp(1988)는 도움 구하기 행동과 도움의 필요성 간의 관계를 탐구하였는데, 중간 정도의 학습자들이 가장 빈번한 도움 구하기 행동을 보이는 반면, 성적이 아주 우수하거나 아주 낮은 집단의 학생들은 도움 구하기 행동을 거의 보이지 않았다고 보고하였다.

자기 조절 능력이 목적을 성취하기 위해 여러 전략을 자발적으로 사용하는 능력이라고 본다면, 자신의 힘으로 해결하기 어려운 과제에 부딪혔을 때 자신보다 더 잘 알고 있다고 생각되는 사람들에게 도움을 요청하는 것은 자기조절학습의 전략이라고 할 수 있다(백승희, 2002). 좋은 학습자는 도움이 필요할 경우, 친구나 선생님 혹은 부모님에게 요청하거나 도움이 되는 정보를 탐색한다(유경호, 2004).

③ 행동통제

목표를 향한 행동을 지속하는 현상은 동기뿐 아니라 의지도 중요하다. 행동통제는 Kuhl(1984, 1985)이 동기와 의지를 분리하면서 개념화되었다. 그는 보다 마음을 끄는 대안적인 행동이 나타나는 상황에서 목표를 향한 행동을 지속하는 현상은 기대-가치 이론으로는 설명할 수 없음을 깨닫고 의지라는 개념을 도입하였다. 그는 동기(motivation)가 주로 어떤 목표를 정하기까지의 과정이라면, 의지(volition)는 목표가 일단 정해지고 난 후 그것을 해결해 나가는 과정에 작용한다고 보았다. 예컨대 공부하는 것과 노는 것 중 공부를 택하는 것이 동기의 힘이라면, 일단 공부를 시작한 후 텔레비전의 유혹과 같은 여러 방해물에도 불구하고 이를 지속하는 것은 의지라 할 수 있다. 따라서 자기 조절에서의 행동통제는 여러 어려움에 부딪혀도 포기하지 않고 학습을 계속해 나가는 능력으로 볼 수 있다(양명희, 2000). Kuhl(1985)은 의지를 행동으로 옮기는 데 개인차가 있다고 전제하고, 행동통제 척도(Action Control Scale)를 활용하여 이를 측정하고자 하였다.

(3) 인지 및 초인지적 요인

① 인지적 요인

인지전략(cognitive strategy)은 학습자가 자료를 기억하고 이해하는 데 사용하는 사고 전략으로서 일반적으로 시연, 정교화, 조직화 전략 등이 있다(Pintrich & DeGroot, 1990; 박병기 등, 2005). 여기에서 시연(rehearsal)은 단기기억 속에 정보가 사라지지 않게 하기 위한 전략으로(Weinstein & Mayer, 1986) 정보가 제시된 이후에 계속해서 반복하는 것을 말한다. 예컨대 밑줄 긋기, 강조 표시하기, 베끼기, 색칠하기, 노트하기 등이 여기에 해당하며 단순과제에서 많이 이용된다(유경호, 2003). 이 같은 시연은 다른 인지전략에 비해 다소 소극적인 특징을 지니고 있는데 교과서 내용에 집중하고 중요한 정보가 무엇인지를 선택하는 데 도움을 주지만 새로운 정보를 이미 알고 있는 내용에 통합시키는 데는 효과적이지 못하다(최옥영, 2005). 그러므로 이를 극복하기 위해서는 정교화 전략이 필요하다.

정교화(elaboration)는 학습 자료를 의미 있게 하기 위하여 새 정보를 이전 정보와 관련시켜 특정한 관계를 지니도록 하는 적극적 인지 활동이다. 정보처리 이론 관점에서 설명하자면, 새로운 정보를 이전 정보와 내적으로 관계를 맺도록 하여 정보를 장기 기억으로 저장하는 것이다. 주요개념을 공부할 때 자신이 이해할 수 있는 말로 바꾸어 보기, 요약하기, 질문하기, 실생활과 관련시켜 보기, 구체적인 예를 생각해 보기, 외워질 때까지 반복해서 써 보기 등이 여기에 해당된다.

조직화(organization)는 학습내용 요소 간의 관계를 논리적으로 구성해 보는 것으로 중요한 개념을 중심으로 내용을 분석해 보거나 이들 간의 어떤 관계가 존재하는지 추론하는 것이다. 심층적인 이해를 필요로 하는 조직화 전략은 단순한 사실을 암기하는 시연과는 큰 차이가 있다. 예컨대, 내용이 복잡할 때 도표로 그리거나 요약하기, 중요한 내용을 따로 정리해 보기, 역사적 사실을 묶어 보기 등의 활동이다(최옥영, 2005; 유경호, 2004; 양명희, 2000).

② 초인지적 요인

초인지란 인지 자체라기보다는 자신의 인지에 관한 지식이며, 자신의 인지 과정에 대한 통제와 지적 평가의 결과이다(Brown, 1978). Brown(1987)은 초인지전략을 계획(planning), 점검(monitoring), 조절(regulation)로 나누었다. Zimmerman(1986)은 자신의 학습과정을 계획하고, 점검·조절하는 초인지적 전략이야말로 자기조절학습에서 가장 중요한 역할을 수행하며, 이러한 학습자가 자기 조절학습자라고 주장하였다.

계획(planing)은 어떤 전략과 정보처리를 사용할 것인지에 대한 생각을 일컫는다. 예컨대 시작 전에 차례부터 살펴보기, 무슨 내용에 대한 것인지를 대강 훑어보기, 문제를 풀기 전에 무엇을 묻고자 하는지를 추측하기가 여기에 해당된다고 볼 수 있는데, 이들은 학습에 어떤 인지전략을 사용할 것인지를 계획한다는 점에서 공통적이다(양명희, 2000).

점검(monitoring)은 자신의 주의 집중을 추적하면서 이해 정도를 확인하는 것으로(최옥영, 2005; 박성은, 2003; 양명희, 2000) 초인지의 핵심을 이루기 때문에 점검 없이 초인지적 활동을 설명하기란 불가능하다(Weinstein & Mayer, 1986; Zimmerman, 1990). 점검에는 학습내용에 집중하기, 자신의 이해 정도를 스스로 평가해 보기, 시험 보는 동안 문제 푸는 속도 체크하기, 자신이 얼마나 이해했는지를 검증해 보기가 해당되며, 이러한 활동은 수행 결과와 내재적 흥미를 높여 주는 역할을 한다(Morgan, 1985).

조절(regulation)은 점검과 밀접한 관련이 있다. 자신의 인지전략을 점검하다가 문제가 생기게 되면 앞으로 돌아가고, 이해하기 어려운 부분이 있으면 속도를 줄이는 것이 조절이다. 따라서 조절은 이러한 것들을 지원하면서 자신의 학습 행동을 교정하고 잘못 이해한 부분이 있으면 고침으로써 학습을 향상시키게 되는 것이다(양명희, 2000).

3) 선택이론과 현실요법

(1) 현실요법의 근간이 되는 선택이론(choice theory)

① 선택이론의 의미와 기본욕구

선택이론은 모든 생물체들이 어떻게, 그리고 왜 행동하는가를 설명하는 이론이다. 이 이론에서는 우리가 하는 모든 것을 행동이라고 지칭하며, 자극-반응 이론이 행동을 외부적인 것에 의해 조건화되었다고 주장하는 것과 대조적으로 우리가 하는 행동을 우리 내면에 있는 강한 욕구를 충족시키기 위한 선택이라고 본다. 기본적인 인간의 욕구는 사랑과 소속 욕구(belonging need), 힘에 대한 욕구(power need), 자유에 대한 욕구(freedom need), 즐거움에 대한 욕구(pleasure need), 생존에 대한 욕구(survival need) 등 다섯 개로 구성되어 있으며, 그 욕구들이 행동을 유발시키는 근원이 된다(김인자, 2005).

사랑과 소속의 욕구(belonging need)는 사랑하고 사랑받으며 나누고 협력하고자 하는 인간의 속성으로 결혼, 가족 형성, 친구 사귀기 등이 여기에 속한다. 힘에 대한 욕구(power need)는 사회적 지위 추구, 부의 축적, 승진 등과 같이 경쟁하고 성취하고 중요한 존재이고 싶어 하는 속성이다. 자유에 대한 욕구(freedom need)는 이동하고 선택하는 것을 마음대로 하고 싶어 하는 욕구로 원하는 곳에서 사는 것, 종교 활동, 의사표현 등이 여기에 해당된다. 즐거움에 대한 욕구(pleasure need)는 새로운 것을 배우고 놀이를 통해 즐기고자 하는 속성이며, 생존에 대한 욕구(survival need)는 살고자 하고 생식을 통한 자기 확장을 하고자 하는 속성이다.

② 좋은 세계(quality world)와 학교학습

좋은 세계(quality world)는 자신의 욕구들 중 하나 또는 그 이상을 가장 잘 충족시켜 주는 구체적인 사진들의 집단(사진첩)으로 이루어져 있다. 지각되는 현실이 좋은 세계(quality world) 안에 들어 있는 사진과 일치될 때 인간은 좋은 기분을 느끼게 된다. 자신의 좋은 세계(quality world) 안에 들어갈 사진들을 자기가 선택할 수 있을 뿐만 아니라, 그 사진들을 빼내어 버리기를 선택할 수도 있다(Glasser, 1998a). 인간은 이렇게 일생을 통하여 더 중요하다고 생각하는 사진들을 바꿔 가면서 인생의 방향도 변화시킨다.

이와 같은 좋은 세계(quality world)에 대한 논리가 학년과 학교급이 올라갈수록 학력이 저하되는 현상을 설명하는 데 도움이 된다. 초년생들은 보통 교사가 시키는 일을 열심히 한다. 그들은 사랑하는 가족들로부터 학교는 좋은 곳이라는 이야기를 들어 왔기 때문에 자신들의 좋은 세계(quality world) 속에 학교, 선생님, 학습에 대한 좋은 사진들을 가지고 있다. 그러나 초등학교 1학년이 지나면, 학교를 만족스럽게 생각하는 학생의 숫자가 점차 줄어들기 시작한다. 이는 강압이 심해지기 때문이며 학생들은 이전만큼 기분 좋게 느끼지를 못한다. 대부분의 학생들에게 이러한 과정이 심화되고 중학교에 이르면 정점에 달하게 되는데, 이때쯤이면 학생들은 그들의 좋은 세계(quality world)에서 교사, 학습 그리고 결국은 학교라는 사진까지 제거하기 시작한다(Glasser, 1998b). 그러므로 학교에서 강제성을 제거할 수 없다면, 교육에 있어서의 문제를 줄일 수 없을 것이다. 강제적인 것은 어느 것이나 어떤 사람의 좋은 세계(quality world) 안으로 들어갈 수 없기 때문이다.

③ 전행동(total behavior)

인간은 태어나는 그 순간부터 욕구를 충족시키는 데 필요한 수많은 행동을 배우게 되는데, 인간 두뇌 속의 행동체계에서 개인적이고도 독특한 방법으로 끊임없는 조직과 재조직을 함으로써 자기가 현명하다고 여겨지는 창의적인 아이디어를 전행동(total behavior)에 옮기기 시작하고, 그러한 과정을 반복하면서 자기 인생의 기초를 만들어 가는 것이다. 전행동(total behavior)은 활동하기, 생각하기, 느끼기, 신체반응으로 구성되어 있다. 선택이론에서는 이 네 요인이 동시에 일어나고 있기 때문에 행동(behavior)이라는 한 단어를 전행동(total behavior)이라는 두 단어로 확장시켜 설명하고 있다. 활동하기, 생각하기, 느끼기, 그리고 신체반응은 우리들의 모든 행동과 연관 지어져 있다(Glasser, 1998a).

전행동(total behavior)의 요소 중 활동하기에 대해서는 개인이 거의 완전한

통제력을 가지고 있고, 생각하기에서도 얼마간의 통제력이 있으나 느끼기는 통제하기가 어렵고, 신체반응은 더욱더 통제할 수 없다. 다시 말해서, 활동하기 부분에 관해서는 항상 통제력을 가지고 있으므로 우리가 이 부분을 구체적으로 변화시킨다면, 생각하기, 느끼기, 그리고 신체반응까지도 자동적으로 변화가 따라오게 된다는 것이다(김인자, 2005).

(2) 현실요법의 과정

① 상담환경 가꾸기

현실요법은 크게 두 과정, 즉 상담환경 가꾸기와 행동변화를 위한 과정으로 구성되어 있다. 현실요법에서의 상담이란 이 두 과정을 조화시켜 내담자로 하여금 그들의 삶을 스스로 평가하고 바람직한 방향을 선택하도록 도와주는 작업이다. 모든 상담은 상담환경 가꾸기라는 기초 위에서 진행되는데, Wubbolding(1988)은 현실요법을 적용한 상담에서 지켜야 할 상담자의 금지사항과 권장사항을 제시하고 있다. 금지사항은 변명 받아들이지 않기, 비판하거나 논쟁하지 않기, 쉽게 포기하지 않기 등이다. 반면에 권장사항으로 주의 기울이기, 판단 보류하기, 역설적 기법 사용하기, 유머 사용하기, 자기답게 하기, 자기 개방하기, 은유적 표현에 귀 기울이기, 주제에 귀 기울이기, 요약하고 초점 맞추기, 결과 허용하기, 책임 지우기, 침묵 허용하기, 윤리적이기 등을 들고 있다.

상담환경 가꾸기는 일회성으로 끝나는 것이 아니라 상담의 전체 과정에서 지속적으로 이루어져야 한다. 상담환경 가꾸기가 잘 이루어지면, 내담자의 좋은 세계(quality world) 속에 상담자의 사진이 자리 잡게 되어 상호 간에 좋은 관계를 형성하게 된다. 위에서 언급한 권장사항은 좋은 관계 형성에 도움이 되는 기법들이며, 금지사항은 관계 형성을 해치는 원인이 된다. 상담자와 내담자의 좋은 관계 형성 없이는 상담에 성공하기 힘들기 때문에 상담환경 가꾸기는 매우 중요하다.

② 행동 변화를 위한 과정

현실요법에서 행동변화를 위한 과정은 바람(Want) 탐색하기, 행동(Doing)

탐색하기, 평가(Evaluation)하기, 계획(Plan)하기 4단계로 구성되어 있다. 내담자는 바람(Want) 탐색하기를 통해서 어떻게 자신의 욕구를 충족시키려 하는지를 발견하고 정의하고 다듬게 된다. 그리고 좋은 세계(quality world)를 탐색하고 숙련된 질문에 응답하면서, 이제까지 희미하게 알았던 자신의 내적인 바람에 대한 여러 면을 직관적으로 보는 것을 배우게 된다(Wubbolding, 1988).

행동(Doing) 탐색하기는 전행동(total behavior)을 탐색하여 평가하는 단계이다. 전행동 탐색하기는 내담자가 자기 자신의 행동방향과 현재 하고 있는 행동을 탐색하도록 도와주는 절차이다. 현실요법 상담자들은 내담자가 통제할 수 있는 활동을 스스로 탐색할 것을 강조하고 있는데, 내담자의 활동 요소를 바꿈으로써 그가 지녔던 우울, 격분, 외로움 등의 느끼기 요소와 신체반응까지 변화시킬 수 있기 때문이다.

평가(Evaluation)하기 단계는 개인의 바람과 행동, 계획을 점검해 보는 것이다. 현실요법에서 가장 핵심이 되는 부분은 내담자의 행동 변화를 위해 그들 스스로 자기 평가를 하게 하는 단계이다. 상담자의 능숙한 질문을 통해 내담자가 자신의 행동과 수행 능력을 평가한다(김인자, 2005). 내담자에게 평가를 요청할 때 상담자에 의한 판단보다는 내담자에 의한 가치 판단이 이루어지는 것이 결정적으로 중요하다(Wubbolding, 1988).

계획(Plan)하기 단계는 실행과정으로서 긍정적인 행동 계획과 그 계획에 대한 약속하기로 이루어진다. 평가가 상담의 구조를 이루는 근본 원리라고 한다면, 계획을 수립하는 작업은 구조가 기능적이 되도록 만드는 것이다. 그리고 계획하기는 상담의 마무리 단계에 속한다. 상담의 목표는 내담자의 바람과 욕구를 충족시킬 수 있는 계획을 수립하는 것이다(Wubbolding, 1988).

4) 자기조절학습과 현실요법의 관계

(1) 성취 동기적 측면에서의 자기조절학습과 현실요법

자기조절학습에서의 동기관련 연구를 살펴보면, 내재적 동기조절 전략을 많이 사용하는 학생들이 시연, 조직화, 정교화, 비판적 사고 같은 인지적 전략과 노력조절, 초인지 조절을 많이 사용하고(Wolters, 1996), 학생들은 자신의 과제를 완성하기 위하여 동기조절전략을 사용한다고(Wolters, 1998) 밝히고 있다. 또한 동기요인은 학업성취도를 예언하는 중요한 요인이며(Pintrich & DeDroot, 1990), 자기조절학습에 있어서 동기는 기본적이라고(McComb & Marzano, 1990) 하였다. 그러나 동기적 측면을 고려한 자기조절학습 연구들의 대부분이 상관관계를 밝히는 연구들이고, 소수의 실험연구들도 이미 개발된 특정 모형(Zimmerman과 Martinez-Pons의 자기조절학습 모형, ARCS 모델)을 적용한 후 동기 요인들 중 하나의 변화를 측정한 연구들이 대부분이다.

반면에 현실요법과 성취동기를 연구한 대부분의 논문들은 현실요법을 적용히어 성취동기를 향상시켰다는 내용들이다(김인자, 횡미구, 1997; 김님희, 김아영, 2002; 김은미, 2003; 정영옥, 2004; 라주섭, 2007). 최근에는 현실요법 자체에 그치지 않고 현실요법과 다른 치료기법을 적용하려는 시도들이 있는데, 그중에서 현실요법을 적용한 미술치료가 성취동기를 향상시켰다(김순자, 김갑숙, 2006)는 보고가 있었다. 이처럼 현실요법 관련 연구들이 성취동기 향상에 효과적인 것은 내담자의 기본욕구와 바람(Want), 좋은 세계(quality world) 탐색을 통하여 자신이 원하는 것을 올바르게 인식하고, 이러한 인식이 성취동기를 유발하였기 때문이라고 해석된다.

이와 같이 현실요법은 성취동기 향상에 강점이 있다. 반면에 자기조절학습 관련 연구들에서는 조사를 통한 관계 연구에서 동기의 중요성은 시사받을 수 있지만, 성취동기의 향상을 꾀하려는 직접적인 연구는 찾아보기 힘들다. 그러므로 자기조절학습과 현실요법을 통합한다면 성취동기 향상에 효과가 있을 것이다.

(2) 학습습관 형성 측면에서의 자기조절학습과 현실요법

자기조절학습 관련 연구에서는 행동 통제성이 자기조절학습 능력에 유의미한 영향을 미치고(Kuhl, 1985; Brunstein & Olbrich, 1985; 김정환, 정미수, 2005), 학습습관과 학업성취는 밀접한 관련이 있으며(Prather, 1983), 학습습관 중 가장 큰 비중을 차지하는 것은 시간 관리(Bawman, 1981)라고 밝히고 있다. 그러나 자기조절학습과 학습습관 간의 상관 연구는 많지만 학생들의 학습습관을 개선하려고 시도한 실험 연구는 찾아보기 힘들다.

현실요법은 내담자들의 삶을 좀 더 효과적으로 통제하도록 도와주는 것을 목적으로 하고, 전행동(total behavior) 요소 중 활동하기를 강조하기 때문에 학습습관이라는 행위요소에 중점을 두어 지도하면 학습습관을 개선할 수 있다. 뿐만 아니라 바람(Want) 탐색하기, 행동(Doing) 탐색하기, 평가(Evaluation)하기, 계획(Plan)하기의 현실요법 과정을 적용하여 내적 통제력을 향상시킬 수 있고, 이러한 내적 통제력이 바람직한 학습행동을 일관되게 선택하도록 하면 학습습관을 개선할 수 있다. 그러므로 현실요법을 적용한 연구에서는 내적 통제성 관련 연구가 아주 많이 이루어졌는데, 대부분의 연구들이 내적 통제성 향상에 현실요법이 유의미한 영향을 끼쳤다고 보고하였다(Thatcher, 1983; Yarish, 1986; Peterson & Woodward, 1994; 오귀남, 2000; 송기학, 2001; 김현자, 2006; 김인자, 황미구, 1997).

현실요법에서는 활동하기를 바꾸면 생각하기, 느끼기, 신체반응 등의 전행동(Total behavior) 요소가 덩달아 변화한다(Glasser, 1998; 김인자, 2005)고 보는 반면, 자기조절학습에서는 학습습관이 학업성취와 깊은 관련이 있음을 시사 받을 수 있다. 따라서 학습습관 개선을 위해서 자기조절학습의 동기요인들을 중심으로 활동 중심의 프로그램을 개발하면 효과적일 것이다.

(3) 학업성취 측면에서의 자기조절학습과 현실요법

자기조절학습을 적용한 연구들은 대부분 학업성취에 유의미한 영향을 미쳤다고 보고하고 있다. 인지전략을 사용하는 학습자는 유의미하게 높은 수준의 학업성취를 나타냈으며(Corno & Mandinach, 1983; Weinstein & Mayer, 1986), 자기조절학습이 쓰기 수행능력을 향상시켰고(Graham & Harris, 1989, a, b), 독해력(Collins, 1991; 봉갑요, 2004)과 수학 학업성취(Schunk & Cox, 1986; 김용수, 1998)에 유의미한 효과가 있다고 밝히고 있다. 이와 같이 자기조절학습은 학업성취 향상에 강점을 가지고 있다.

반면에 현실요법에서는 학업성취와 관련된 연구가 적은 편이고, 보고된 연구들도 학업성취 향상 효과 측면에서 서로 상반된 결과를 나타내고 있다. 이렇게 상반된 결과가 나오게 된 것은 학업성취 향상에 효과가 있었다는 연구들(Slowic, Omizo & Hammet, 1984; 정순례, 1992)이 학습전략적인 면을 더 강조하여 지도한 반면, 효과가 없었다는 연구들(Chambers & McLaughlin, 1994)은 참여자의 학습보다는 정서에 중점을 두어 지도했기 때문이라고 판단된다.

이상과 같이, 자기조절학습은 학업성취에 강점을 가지고 있으므로, 이 입장에서 학습전략을 개발하여야 할 것이다. 또한 학생들은 학업성취에 대한 자신의 욕구나 바람 등을 가지고 있으므로 현실요법적인 기법들을 활용하여 이를 탐색하면 더 효과를 기둘 수 있을 것이다.

3. 프로그램 개발

1) 통합의 기본 방향 설정

이론적 배경에서 살펴본 내용들을 토대로 현실요법과 자기조절학습을 통합하기 위한 기본 방향을 다음과 같이 설정하였다.

첫째, 통합 프로그램의 영역은 자기조절학습의 입장을 반영하여 동기조절, 행동조절, 인지 및 초인지조절로 하고 자기조절학습의 구성 요소들을 그 하위 영역으로 한다. 다만, 현실요법의 기초적인 이해를 위하여 동기조절 영역의 하위 영역으로 '기본욕구 이해'라는 현실요법적 요소를 추가한다. 즉 동기조절 영역에는 기본욕구 이해, 자기 효능감, 목표설정, 성취가치를 하위영역으로 하고, 행동조절 영역에는 시간관리, 도움 구하기, 행동통제를 그 하위영역으로 하며, 인지 및 초인지 영역에는 읽기 학습전략과 수학 문장제 해결전략을 하위영역으로 편성한다.

둘째, 프로그램의 내용 편성은 각 영역과 그 하위영역에 적합한 자기조절학습적인 내용과 현실요법적인 내용으로 한다. 이론적 배경에서 살펴본 바와 같이 자기조절학습과 현실요법은 각각의 강점이 있는 반면에 약점도 가지고 있으므로 두 기법의 내용을 선별하여 통합한다. 이러한 통합은 회기마다 이루어지도록 한다.

셋째, 프로그램의 과정에 현실요법의 절차적 요소를 고려한다. 현실요법은 바람(Want) 탐색하기, 행동(Doing) 탐색하기, 평가(Evaluation)하기, 계획(Plan)하기의 절차를 밟아 진행된다. 이러한 과정을 이행하면 내담자가 자신이 바라는 것을 이해하고, 그 바람을 성취하기 위해 하고 있는 일들을 평가하여 더 효과적인 행동을 시도해 보게 할 수 있기 때문이다.

2) 프로그램의 성격 및 적용 대상

(1) 학교상담으로서의 성격

학업문제에 대한 학교상담의 관심은 그 원인과 증상에 따라 상담적 접근방법(counseling approach)과 훈련적 접근방법(training approach) 두 가지 방향으로 이루어져 왔다(Robyak & Patton, 1977). 본 프로그램은 상담적 요소와 훈련적 요소를 모두 포함하고 있다. 상담적 접근 방법은 학업문제의 원인이 학생들의 학업에 대한 불만이나 정서적 및 성격적 요인의 결함에 있다고 보고, 정의적 상담을 통해 성격특성에 변화를 일으켜 학업에 장애가 되는 요인을 제거함으로써 학업성적을 향상시키려는 것으로(Gilbreath, 1967) 현실요법이 여기에 해당된다. 반면에 훈련적 접근 방법은 학업부진의 주된 원인이 학습기술상의 결함에 있다고 보고 부족한 또는 결함이 있는 학습기술을 교정하고 치료함으로써 학업성적을 향상시키고자 하는 것으로(Castagna & Codd, 1984) 자기조절학습이 여기에 해당된다. 즉 본 프로그램이 자기조절학습의 학습 전략적 요소들을 많이 포함하고 있기 때문에 훈련적 접근 방법으로 분류할 수 있는 것이다.

(2) 프로그램의 회기 수 및 시량

본 프로그램에 적용된 자기조절학습을 훈련적 접근 방법으로 분류할 수 있으므로 학습기술 훈련에서 제시하고 있는 기준들을 중심으로 프로그램의 운영시간과 회기 수를 결정하였다. 학습기술 훈련에서 요구되는 훈련기간은 연구에 따라 다소 차이가 있지만, 대체로 훈련에 대한 참여 동기가 있을 때는 최소한 8시간 이상 훈련시키면 학습습관이 향상되었고(Evans, 1984; Jackson & Van Zoost, 1974; Van Zoost & Jackson, 1974), 최소한 10시간 이상 훈련시키면 학업성적이 향상되었다(Harris & Johnson, 1980; Driskell & Kelly, 1980; Robyak & Sherrard, 1978)고 하였다. 그러나 김남옥(1991a)은 자발적인 참여자가 아닌 경우에는 20시간 이상 훈련시켜야 학업성적이 향상되었다고 밝혔다.

학업기술의 하위요인별로 훈련에 필요한 회기 수를 살펴보면, 시간관리 기술은 최소한 4회 정도 실시하면 학업성적은 향상되지 않아도 학습시간을 효율적으로 관리하는 데는 효과가 있었다고 보고하였다(McDevitt, 1978). 읽기 기술을 비롯한 학습전략도 4회 정도 훈련을 실시하면 최소한 읽기 기술이나 문제풀이에 효과가 있었다고 밝혔다(Richards, McReynolds, Holt, & Sexton, 1976; Jackson & Van Zoost, 1972). 1회기에 소요되는 훈련 시간은 대상에 따라 다른데, 대학생의 경우에는 1~2시간, 중·고등학생은 30분~1시간 정도를 훈련한다(Bianco & McCormick, 1989; Harris & Trujillo, 1975)고 보고하였다. 이와 같은 점들을 고려하여 다음과 같이 프로그램을 개발하기로 하였다.

첫째, 학업기술의 하위요인별로 최소한 4회기가 필요하다고 하였으므로, 이를 받아들여 프로그램을 구성하였다. 즉 동기조절 4회기, 행동조절 6회기, 인지 및 초인지 조절로서의 읽기 학습전략 5회기, 수학 문장제 해결전략을 5회기로 구성하고, 도입과 정리 회기를 각각 1회기씩 별도로 구성하였다. 그러므로 총 회기는 22회기가 되는 것이다. 동기조절 프로그램을 4회기로 상대적으로 적게 편성한 이유는 시작 프로그램인 1회기와 정리 프로그램인 22회기가 다분히 동기적인 요소를 포함하고 있기 때문이다. 반면에 행동조절 영역을 6회기로 구성한 것은 시간관리 기술이 효과를 보려면 최소한 4회기 이상을 실시해야 한다는(McDevitt, 1978) 입장을 반영하였기 때문이다. 즉 행동조절 영역은 시간관리 4회기, 도움구하기 1회기, 행동통제 1회기로 구성된 것이다.

둘째, 1회기의 훈련 시간이 대학생은 1~2시간, 중ㆍ고등학생이 30분~1시간 정도 훈련한다고 하였으므로, 회기당 50분을 운영하기로 하였다. 본 프로그램의 적용 대상이 초등학생이고, 초등학교의 수업시간이 40분인 점을 감안하면 다소 긴 시간일 수도 있으나 프로그램이 회기마다 자기조절학습적인 내용과 현실요법적인 내용을 중심으로 운영되므로 학습량을 고려한 것이다.

(3) 적용 대상 및 방법

본 프로그램은 초등학교 고학년용으로 개발하였다. 특히 수학문장제 해결전략은 제 7차 교육과정의 수학과에 준하여 수학 5-가, 5-나, 6-가, 6-나 수준의 문제를 매회기에 골고루 제시하여 자신의 능력에 맞는 문제를 선택하여 해결하도록 하였다. 그러므로 모든 문제를 해결하려면 초등학교 6학년 학생이 최적의 대상이나 수학문제의 적용에 융통성을 발휘한다면 초등학교 고학년까지 확대 적용할 수 있다. 또 다른 측면에서는 같은 학년이라 하더라도 학업성취 상위집단의 아동들과 하위집단의 아동들에게 각각 적용할 수도 있다. 자기조절학습은 인지 및 초인지 전략을 많이 사용하기 때문에 학업성취 상위집단 아동들에게 더 효과적일 것이고, 현실요법은 정서적, 행동적 장애요인부터 제거하기 때문에 학업성취 하위집단 아동들에게 더 많은 효과를 기대할 수 있기 때문이다.

2007년 교육과정 내에서의 적용 방법은 재량활동과 특별활동 시간을 고려해 볼 수 있다. 2009 개정 교육과정이 전면 시행되면 창의적 체험활동 시간이 이에 해당된다. 재량활동, 특별활동, 창의적 체험활동 등의 시간에 주 1~2시간 편성하여 운영할 수 있다. 교육과정 이외로는 아침 시간이나 방과후 시간에 프로그램을 진행할 수 있다. 이 때에도 주 1~2회 편성하여 운영할 수 있다.

3) 프로그램의 구성

(1) 내용 편성의 기본 방침

본 연구의 프로그램은 자기조절학습과 현실요법이 통합되어 있다. 그러므로 각 회기의 내용은 두 기법 중 한 기법이 $\frac{1}{3} \sim \frac{2}{3}$ 정도가 되게 편성하였다. 즉 현실요법이 성취동기 향상 및 학습습관 개선에 강점이 있고, 자기조절학습이 학업성취 향상에 강점이 있다는 점을 감안하여, 동기조절 영역과 행동조절 영역은 현실요법의 내용을 더 많이 편성하였으며, 인지 및 초인지조절 영역은 자기조절학습의 내용을 더 많이 편성하였다. 다음 표들에서 '주요 내용' 중 ◎표 된 부분은 현실요법적 내용들이고, □표 된 부분은 자기조절학습에 해당되는 내용들이다.

또한 본 프로그램은 현실요법의 과정적인 요소를 고려하여 구성되었는데, '주요 내용' 중에서 현실요법적인 내용들은 표 우측의 '현실요법의 과정 요소' 해당 칸에 ○표 하였다. 자기조절학습의 내용들도 현실요법의 과정 요소들 중 하나 이상과 관련 있는 것들을 선정하였다. 그러므로 이들 자기조절학습의 내용이 현실요법의 어느 과정과 관련이 있는지를 △표로 표시하였다. 이와 같은 현실요법의 과정 요소들을 동기조절, 행동조절, 인지 및 초인지조절 영역별로 모두 합하면, 각 영역마다 바람탐색, 행동탐색, 평가하기, 계획하기의 과정을 모두 거치도록 내용을 구성하였다.

(2) 도입 및 정리 프로그램

1회기는 처음 시작하는 도입 회기로 자기소개, 프로그램 안내, 행동규준 안내 및 서약서 작성 등으로 구성되어 있다. 자기소개는 현실요법적 관점을 적용하여 참여자의 바람(Want)과 좋은 세계(quality world)를 탐색할 수 있는 내용으로 구성하였다.

22회기는 본 프로그램을 마무리하는 회기이다. 우선 그동안 참여자들이 실천한 행동지침과 일상생활 계획표의 실천 정도를 확인하고 자기 평가하게 한 다음, '사이먼 가라사대'라는 명령 게임을 통하여 본 프로그램에서 학습했던 내용들을 정리하게 하였다. 끝으로 본 프로그램이 끝나고도 계속 실천하겠다는 다짐을 열매 모양의 종이에 기록한 후, 다짐나무를 꾸미게 하였다. 도입 및 정리 프로그램의 내용은 다음 <표 1>과 같다.

〈표 1〉 도입 및 정리 프로그램의 내용

회기	영역 (차시)	주제	주요 내용	현실요법의 과정 요소			
				바람 탐색	행동 탐색	평가 하기	계획 하기
1	도입 (1/1)	나를 소개합니다.	◎ 자기소개 하기: 되고 싶은 것, 소중한 세 사람, '내가 행복해지려면?', 이 프로그램에서 얻기를 바라는 것	○			
			□ 프로그램 및 행동규준 안내				△
22	정리 (1/1)	이젠 내 힘으로!	◎ 행동지침 실천 정도 확인 및 자기 평가			○	
			□ 명령 게임: 사이먼 가라사대			△	
			◎ 다짐나무 꾸미기				○

주(註). □: 자기조절학습의 내용, ◎: 현실요법의 내용, △: 자기조절학습 내용의 현실요법 과정요소 관련, ○: 현실요법적인 내용의 현실요법 과정요소 관련

(3) 동기조절 프로그램

동기조절 프로그램은 기본욕구 이해, 자기효능감, 목표설정, 성취가치와 관련된 내용을 중심으로 편성하였다. 2회기에 실시된 '나의 기본욕구 이해' 프로그램에서는 다섯 가지 기본욕구를 이해하고, 자신의 욕구 강도를 알게 하였다. 다음으로 자신의 욕구 강도에 맞는 학습 스타일이 무엇인지 비슷한 참여자끼리 조를 편성하여 토의한 후에 공통점을 찾아 발표하게 하였다.

3회기의 자기 효능감 향상 목적의 프로그램에서는 자신의 좋은 세계(quality world)를 알아본 후, 자기가 좋아하는 것과 잘하는 것을 탐색하고, 이를 바탕으로 자신에게 맞는 직업을 세 가지 정도 찾아보게 하였다. 이러한 시도는 자기 효능감 판단을 통하여 직업 선택을 예측할 수 있다는 연구 결과(Hackett,

1995; Hackett & Betz, 1992)를 받아들인 것이다.

4회기는 자신의 학습과 관련된 구체적인 목표를 설정하기 위한 회기이다. 우선 좋은 세계(quality) 속의 장래 희망을 탐색하고, 이 희망을 달성하기 위해 적절한 학습습관을 가지고 있는지 체크리스트를 활용하여 점검해 본 후에, 개선할 점을 찾아 한 학기 목표를 설정하게 하였다.

11회기는 성취가치를 인식하게 하는 회기이다. 학업성취와 관련된 긍정경험을 탐색한 후에 자신의 여러 가지 능력들을 확인하게 하였으며, 학교 학습의 가치에 대한 자신의 입장을 정리하여 토론하게 하였다. 이 프로그램이 다른 동기조절 프로그램과 떨어져 있는 이유는 학교 학습의 가치를 인식하게 한 후, 곧바로 읽기 학습전략과 수학 문장제 해결전략 관련 회기를 전개하기 위함이다. 동기조절 프로그램의 내용은 다음 <표 2>와 같다.

<표 2> 동기조절 프로그램의 내용

회기	영역 (차시)	주제	주요 내용	현실요법의 과정 요소			
				바람 탐색	행동 탐색	평가 하기	계획 하기
2	동기조절 (1/4): 기본욕구 이해	나의 기본욕구와 학습 스타일	◎ 다섯 가지 기본욕구 이해	○			
			◎ 나의 기본욕구 알아보기	○			
			□ 나에게 맞는 학습 스타일 알아보기	△			
3	동기조절 (2/4): 자기 효능감	내가 좋아하는 것 내가 잘하 는 것	◎ 좋은 세계(quality world) 알아보기	○			
			◎ 좋아하는 것과 잘하는 일 탐색하기	○	○		
			□ 나에게 맞는 직업 세 가지	△			
4	동기조절 (3/4): 목표설정	구체적인 목표 세우기	◎ 좋은 세계(quality world)와 장래 희망	○			
			□ 자신의 공부습관 점검		△	△	
			◎ 한 학기 목표 설정 및 1일 행동 지침 작성				○
11	동기조절 (4/4): 성취가치	나의 가치! 공부의 가치!	◎ 학업성취 긍정 경험 발표		○		
			◎ 능력의 손			○	
			□ 학교 학습의 가치 토론			△	

주(註). □ : 자기조절학습의 내용, ◎ : 현실요법의 내용, △ : 자기조절학습 내용의 현실요법 과정요소 관련, ○ : 현실요법적인 내용의 현실요법 과정요소 관련

(4) 행동조절 프로그램

김남옥(1991b)은 각성하기, 할당하기, 시행하기, 변경하기, 활용하기로 구성된 5단계 시간관리 기술훈련 프로그램을 제시하였다. 본 프로그램에서는 김남옥(1991b)의 프로그램을 부분 반영하였는데, 각성하기는 본 프로그램 6회기의 시간 활용실태 알아보기에, 할당하기는 7회기 일상생활 계획표 만들기에, 변경하기는 8회기 일상생활 계획표 수정 및 보완하기에 부분적으로 반영하였다.

5회기에서는 마법사가 선물로 하루를 주었으니 자기 마음대로 할 수 있는 시간표를 만들어 보게 하였다. 여기에서 완성된 시간표에는 자신의 좋은 세계(quality world)가 반영된 것인데, 이것을 자신의 실제 생활과 비교해 보고 시간표 수정의 필요성을 느끼게 하였다.

6회기는 자신의 시간 활용 실태를 점검하여 늘려야 할 시간, 줄여야 할 시간, 고쳐야 할 습관을 알아보게 하였다. 아울러 현실요법적인 계획 세우기의 기준을 제시하고 자투리 시간 활용 계획도 세우게 하였다.

7회기에는 자신이 실천할 일상생활 계획표를 만드는 프로그램이다. 고정시간, 생활시간, 자유시간, 학습시간을 기록해 가면서 자신의 계획표를 완성하게 하였다. 이렇게 완성된 계획표는 자신의 힘으로 실천 가능한 것인지 점검하게 하였다.

8회기에는 지난주의 일상생활 계획표 실천결과를 평가하고, 이를 바탕으로 자신에게 맞는 계획표로 수정하는 작업을 하였다. 수정 작업이 끝난 후에는 실천 계약서를 쓰게 하였다. 이번 회기에서 완성된 일상생활 계획표의 실천 여부는 이후 회기의 도입단계마다 확인하도록 하였다.

9회기는 도움을 구하고 학습자원을 관리하는 프로그램이다. 우선 사람 간의 관계가 멀어지는 이유를 탐색하게 하여 외부통제가 그 원인임을 깨닫게 하였다. 나아가 도움 구하기, 학습 매체 활용, 주변 환경 정리 실태를 점검한 후 개선 계획도 세우게 하였다.

10회기는 전행동(total behavior)을 이해하고, 자신의 학습행동을 자기 평가한 다음, 제어 가능한 학습 방해 요소들을 탐색하여 통제하도록 하는 회기이

다. 여기에서의 자기 평가는 자신의 학습행동이 바람(Want)을 충족시키는지
에 주안점을 두었다.

<표 3> 행동조절 프로그램의 내용

회기	영역 (차시)	주제	주요 내용	현실요법의 과정 요소			
				바람 탐색	행동 탐색	평가 하기	계획 하기
5	행동조절 (1/6): 시간관리	마법사가 선물로 준 하루	◎ 내 맘대로 시간표 만들기	○			
			◎ 좋은 세계(quality world)와 현 실 세계에서의 시간 활용 비교	○	○	○	
			□ 최선의 시간표 만들기	△			
6	행동조절 (2/6): 시간관리	나는 시간을 잘 활용하고 있는가?	□ 시간 활용 실태 알아보기		△	△	
			◎ 현실요법적 계획 세우기의 기준				○
			◎ 자투리 시간 활용 계획				○
7	행동조절 (3/6): 시간관리	일상생활 계획표 만들기	◎ 일상생활 계획표 만들기				○
			□ 계획표 점검		△		
8	행동조절 (4/6): 시간관리	일상생활 계획표 수정 및 보완	◎ 실천 정도 평가			○	
			□ 생활계획표 수정하기				△
			◎ 계획서 활용 안내 및 실천 약속				○
9	행동조절 (5/6): 도움 구하기	나의 학습 자원 관리	◎ 대인관계 갈등 상황 탐색		○		
			□ 학습 지원관리 실태 점검		△		
			◎ 도움 구하기 및 학습자원 관리 개선 계획 세우기				○
10	행동조절 (6/6): 행동통제	행동의 선택	◎ 전행동에 대한 이해		○		
			◎ 나의 학습행동은?		○	○	
			□ 이렇게 할 거야!				△

주(註). □ : 자기조절학습의 내용, ◎ : 현실요법의 내용, △ : 자기조절학습 내용의 현실요법 과정요소 관련, ○ : 현실요
법적인 내용의 현실요법 과정요소 관련

(5) 읽기 학습전략

읽기 학습전략은 김희수(2007, 2008)의 CSQ3Rs, 원동연(2005)의 학문의 9
단계, 김남옥(1985, 1987, 1990)의 교과서 읽기훈련을 토대로 시각 바꾸기,
훑어보기, 질문하기, 답 찾으며 읽기, 통합하기, 글로 표현하기 등 6단계로 개

발하였다.

12회기는 읽기 학습전략 익히기가 시작되는 회기로, 구체적인 전략을 적용하기 전에 자신의 읽기 습관을 점검하고 교정하는 회기이다. 우선 독서 속도를 측정하여 우리나라 사람의 평균 글 읽는 속도와 자신의 속도를 비교해 보고 읽기 가능한 속도를 알아보게 구성하였다. 이 활동이 끝나면 음독 습관을 진단하고 묵독으로 교정하게 하였다.

13회기에서는 우선 자신이 바라는 국어 교과 성적을 탐색하게 한 후, 지금까지 적용해 온 학습전략이 국어 교과 성적 향상에 도움이 되었는지 살펴보고, 새로운 학습 전략이 필요함을 깨닫게 하였다. 다음으로 읽기 학습전략 1단계와 2단계를 지도하였는데, 1단계 '시각 바꾸기'는 책을 읽을 때 단순히 독자의 시각에서 읽는 것이 아니라 저자나 교사의 입장에서 읽는 것을 말한다. 2단계 '훑어보기'는 제목, 소제목, 그림이나 도표 등을 빠르게 살펴보는 것을 말한다.

14회기에는 국어 학습 성공 스토리를 만들게 한 후에 읽기학습 전략의 3단계인 '질문하기'와 4단계인 '질문에 대한 답 찾으며 읽기'를 집중적으로 다루는 회기이다. 3단계 '질문하기'는 제목, 소제목, 궁금한 것을 중심으로 의문을 제기하는 것을 말한다. 4단계 '답 찾으며 읽기'는 질문에 답을 찾기 위해 중요한 내용에 밑줄을 긋거나 표시하기, 모르는 낱말에 네모 치기를 하며 읽는 것을 말한다.

15회기는 자기의 성적이 누구의 탓인지를 탐색하게 한 후, 5단계인 '통합하기'와 6단계인 '글로 표현하기'를 집중적으로 학습하는 회기이다. 우선 자기의 성적은 다른 사람이나 환경 탓이 아니라 자기 자신에게 달려 있음을 깨닫고 열심히 공부하려는 태도를 갖게 하였다. 다음으로 5단계와 6단계를 지도하였는데, 5단계 '통합하기'는 글을 읽은 후에 작성한 질문들에 대한 답을 중심으로 요점을 서로 관련짓고 분류하는 것이다. 6단계 '글로 표현하기'는 읽은 내용의 줄거리를 글로 표현하는 것을 말한다.

16회기는 읽기학습 전략을 종합 적용하는 회기이다. 우선 현실요법적인 피드백 방법을 익혀서 다른 사람과의 관계를 해치지 않을 뿐만 아니라 도움이 되는 피드백을 주고받도록 하였다. 다음으로 주어진 글을 자신이 읽을 수 있는 의미 단위로 사선을 치게 한 후, 기준표를 보고 자신의 읽기 정도를 판단하게 하고, 다른 글에도 적용하게 하였다. 마지막으로 세 수준의 활동지를 제시하고 참여자가 자신의 능력에 맞는 것을 골라 활동하게 하였다.

〈표 4〉 읽기 학습전략의 내용

회기	영역 (차시)	주제	주요 내용	현실요법의 과정 요소			
				바람 탐색	행동 탐색	평가 하기	계획 하기
12	인지 · 초인 지조절 (읽기학습 1/5)	나의 읽기 습관은?	□ 독서 속도 측정		△	△	
			◎ 음독 습관 진단 및 평가		○	○	
			□ 음독을 묵독으로 교정하기				△
13	인지 · 초인 지조절 (읽기학습 2/5)	읽기 학습전략 1, 2단계 익히기	◎ 자신이 바라는 국어 성적 및 국어 학습상황 자기 평가	○	○	○	
			□ 1단계: 시각 바꾸기		△	△	△
			□ 2단계: 훑어보기		△	△	△
14	인지 · 초인 지조절 (읽기학습 3/5)	읽기 학습전략 3, 4단계 익히기	◎ 국어 학습 성공 스토리 만들기	○			
			□ 3단계: 질문하기		△	△	△
			□ 4단계: 질문의 답 찾으며 글 읽기		△	△	△
15	인지 · 초인 지조절 (읽기학습 4/5)	읽기 학습전략 5, 6단계 익히기	◎ 외부통제와 내부통제		○		
			□ 5단계: 통합하기		△	△	△
			□ 6단계: 글로 표현하기		△	△	△
16	인지 · 초인 지조절 (읽기학습 5/5)	읽기 학습 전략의 적용	◎ 현실요법적인 피드백			○	
			□ 의미 단위 확장을 위한 읽기 방법		△	△	△
			□ 읽기 학습전략 종합 적용		△	△	△

주(註). □: 자기조절학습의 내용, ◎: 현실요법의 내용, △: 자기조절학습 내용의 현실요법 과정요소 관련, ○: 현실요법적인 내용의 현실요법 과정요소 관련

(6) 수학 문장제 해결 전략

Montague(1997)는 수학학습 전략 훈련으로 읽기, 바꾸어 말하기, 시각화하기, 가설설정, 예측하기, 계산하기, 점검하기의 인지전략 7단계를 제시하고, 각 단계별로 초인지전략인 자기 교수, 자기 질문, 자기 점검을 적용하여 인지전략의 조절과 점검을 담당하도록 하였다. 즉 인지전략과 초인지전략을 함께 사용하는 것이다. 심은영(2006)은 언어적 표상, 시각적 표상, 수학적 표상으로 나누어 '다면적 표상 기반 전략 훈련'을 제시하였다. 그 하위 단계로 언어적 표상에는 읽기와 바꿔 말하기, 시각적 표상에는 시각화하기, 수학적 표상에는 계획하기, 예측하기, 계산하기, 점검하기를 제시하고 있다.

수학 문장제 해결전략 프로그램은 Montague(1997)와 심은영(2006)의 연구를 토대로 읽기, 바꾸어 말하기, 그림으로 나타내기, 계획하기, 계산하기, 검산하기의 인지전략 6단계를 구성하고, 이 인지전략을 점검하고 조절할 수 있는 자기 말 하기, 자기 질문, 자기 점검 등의 초인지전략을 각 단계마다 적용하도록 구안하였다. 또한 각 회기마다 문제의 난이도가 달라지도록 계산 과정이 1회, 2회, 3회, 종합 적용의 순으로 프로그램을 구성하였다.

17회기에는 수학 문장제 해결학습 전략이 시작되는 회기로 먼저, 내담자 스스로 수학 학습상태를 점검하고 자기 평가를 하도록 하였다. 자기 평가가 끝난 후에는 수학 문장제 해결 전략의 단계를 익히고, 그 전략을 간단한 문제에 적용해 보도록 하였다.

18회기는 수학 학습 성공 스토리를 만든 후에 계산 과정이 1회인 수학 문장제를 해결하도록 하였고, 19회기에서는 현실요법적인 자기 평가 방법을 익힌 후에 계산과정이 2회인 수학 문장제를 해결하도록 하였으며, 20회기에는 현재 상황이 어렵다고 포기한 경우와 어렵지만 꾸준히 공부하기를 선택한 경우의 결과가 어떻게 다를지 탐색하게 한 후, 계산과정이 3회인 수학 문장제를 해결하도록 하였다. 회기마다 문제를 해결한 후에는 자신이 산출한 답을 토대로 토론을 하도록 하였는데, 이는 토론을 하면서 다른 참여자의 발표 내용을 듣고 참여자 스스로 정답을 깨우치게 하기 위함이다.

21회기에는 수학 문장제 해결 전략을 종합 적용하는 회기이다. 이 회기에서는 처음부터 그간의 학습 결과를 토대로 참여자가 자신의 능력에 맞는 문제를 골라 해결하게 하였으며, 해결 후에는 같은 문제를 해결한 사람끼리 토론을 전개하도록 하였다. 회기 끝에는 현실요법에 입각하여 자신의 좋은 선택들을 살펴보고 자신감을 갖도록 하였다.

<표 5> 수학 문장제 해결전략의 내용

회기	영역 (차시)	주제	주요 내용	현실요법의 과정 요소			
				바람 탐색	행동 탐색	평가 하기	계획 하기
17	인지 · 초인지조절 (1/5)	수학 문장제 해결은 이렇게!	◎ 수학 학습 실태 점검 및 자기 평가	○	○	○	
			□ 수학 문장제 해결 전략 단계 이히기		△	△	△
18	인지 · 초인지조절 (2/5)	수학 문장제 해결 전략 적용, 계산과정 1회 문장제	◎ 수학 학습 성공 스토리 만들기	○			
			□ 계산과정이 1회인 문장제 해결하기		△	△	△
			□ 계산결과 토론하기			△	
19	인지 · 초인지조절 (3/5)	수학 문장제 해결 전략 적용, 계산과정 2회 문장제	◎ 현실요법적 자기 평가 방법 익히기			○	
			□ 계산과정이 2회인 문장제 해결하기		△	△	△
			□ 계산결과 토론하기			△	
20	인지 · 초인지조절 (4/5)	수학 문장제 해결 전략 적용, 계산과정 3회 문장제	◎ 서로 다른 선택의 결과				○
			□ 계산과정이 3회인 문장제 해결하기		△	△	△
			□ 계산결과 토론하기			△	
21	인지 · 초인지조절 (5/5)	수학 문장제 해결 전략 종합 적용	□ 능력에 맞는 문장제를 선택하여 해결하기		△	△	△
			□ 계산결과 토론하기			△	
			◎ 좋은 선택(quality choice)이었나?			○	

주(註). □ : 자기조절학습의 내용, ◎ : 현실요법의 내용, △ : 자기조절학습 내용의 현실요법 과정요소 관련, ○ : 현실요법적인 내용의 현실요법 과정요소 관련

4. 프로그램 개발 결과 및 제언

학업문제는 학생들의 학업성취를 비롯하여 행동이나 정서에까지 영향을 미치기 때문에 학습 전략적 측면을 고려한 인지적 접근뿐만 아니라 행동적, 정서적 측면을 동시에 고려한 종합적인 접근이 필요하다. 자기조절학습은 동기, 행동, 인지적 측면을 동시에 고려하여 지도할 수 있는 학습이론임에도 불구하고, 그동안 인지조절 측면을 강조한 학업성취 향상에 중점을 두고 적용되어 왔다. 반면에 상담적 접근 방법인 현실요법은 성취동기를 향상시키고, 내적 통제력을 길러 학습습관을 개선하는데 강점을 가지고 있다. 그러므로 학생들의 학습습관, 성취동기, 학업성취도를 동시에 향상시키기 위해서는 자기조절학습의 학업성취 측면의 강점을 살리고, 동기와 행동측면을 보완할 수 있는 현실요법과의 통합이 필요하였다.

이러한 필요에 따라 본 연구에서 개발한 현실요법적 자기조절학습 상담 프로그램은 목적에 따라 동기조절, 행동조절, 인지 및 초인지 조절 영역으로 구분하여 개발되었다. 즉 동기조절 프로그램을 통해서 성취동기 향상을, 행동조절 프로그램을 통해서 학습습관 개선을, 인지 및 초인지 조절 프로그램을 통해서 학업성취 향상을 목적으로 개발하였다.

프로그램의 영역별 회기 수는 동기조절 4회기, 행동조절 6회기, 인지 및 초인지 조절로서의 읽기 학습전략 5회기, 수학 문장제 해결전략 5회기, 시작 회기와 정리 회기가 각각 1회기로 총 22회기를 개발하였다. 동기조절 프로그램에서는 자신의 기본욕구를 이해하고, 좋아하는 것과 잘 하는 것을 바탕으로 자신에게 맞는 직업을 탐색하도록 하였으며, 나아가 성취의 가치를 스스로 인식하게 구성하였다. 행동조절 프로그램에서는 일상생활 계획표를 만들고 수정하여 지속적으로 실천하도록 하였으며, 도움구하기 및 학습 자원관리 계획을 세우고 올바른 학습행동을 선택하도록 하였다. 인지 및 초인지 조절 프로그램은 읽기 학습전략과 수학 문장제 해결전략으로 나누어서 개발하였다. 읽기 학습전략은 시각 바꾸기, 훑어보기, 질문하기, 질문의 답 찾으며 읽기, 통합하기,

글로 표현가기 등 6단계로 구성하고, 각 단계를 차례차례 익히도록 하였다. 수학 문장제 해결전략의 단계는 읽기, 바꾸어 말하기, 그림으로 나타내기, 계획하기, 계산하기, 검산하기 등 6단계로 구성되어 있으며, 매 회기마다 수준을 높여가며 지도할 수 있도록 개발하였다. 전체 프로그램의 진행순서는 도입, 동기조절, 행동조절, 읽기 학습전략, 수학 문장제 해결전략, 정리 순이다.

본 현실요법적 자기조절학습 상담 프로그램의 적용과 관련하여 제언을 하면 다음과 같다.

첫째, 프로그램의 효과 검증뿐만 아니라 적용에 따른 지역적 한계를 극복하기 위해서는 대도시, 중소도시, 농어촌 지역의 초등학교 고학년에게 프로그램을 적용하고, 효과를 상호 비교해 볼 수 있는 실험연구가 필요하다.

둘째, 본 연구 프로그램의 신뢰도를 확보하기 위해서는 Zimmerman과 Martinez-Pons 등이 개발한 전통적인 자기조절학습 모형과 본 연구에서 개발한 현실요법적 자기조절학습 상담 프로그램 간의 처치효과 비교가 필요하다.

셋째, 자기조절학습의 인지적인 측면의 강점은 학업성취 상위집단의 아동들에게, 현실요법의 정서적 측면의 강점은 학업성취 하위집단의 아동들에게 더 효과가 있을 것으로 기대되기 때문에, 동일 학년 학생들을 학업성취 수준에 따라 집단을 나누어 적용하고, 그 효과를 검증해 볼 필요가 있다.

Part 02

프로그램의 실제

현실요법적 자기조절학습 상담 프로그램 목록

회기	영역 (차시)	주제	주요 내용	현실요법의 과정 요소			
				바람 탐색	행동 탐색	평가 하기	계획 하기
1	도입(1/1)	나를 소개합니다.	◎ 자기소개 하기: 되고 싶은 것, 소중한 세 사람, '내가 행복해지려면?', 이 프로그램에서 얻기를 바라는 것	○			
			□ 프로그램 및 행동규준 안내				△
2	동기조절 (1/4): 기본욕구 이해	나의 기본욕구와 학습 스타일	◎ 다섯 가지 기본욕구 이해	○			
			◎ 나의 기본욕구 알아보기	○			
			□ 나에게 맞는 학습 스타일 알아보기	△			
3	동기조절 (2/4): 자기 효능감	내가 좋아하는 것 내가 잘하는 것	◎ 좋은 세계(quality world) 알아보기	○			
			◎ 좋아하는 것과 잘하는 일 탐색하기	○	○		
			□ 나에게 맞는 직업 세 가지	△			
4	동기조절 (3/4): 목표설정	구체적인 목표 세우기	◎ 좋은 세계(quality world)와 장래 희망	○			
			□ 자신의 공부습관 점검			△	△
			◎ 한 학기 목표 설정 및 1일 행동 지침 작성				○
5	행동조절 (1/6): 시간관리	마법사가 선물로 준 하루	◎ 내 맘대로 시간표 만들기	○			
			◎ 좋은 세계(quality world)와 현실 세계에서의 시간 활용 비교	○	○	○	
			□ 최선의 시간표 만들기	△			
6	행동조절 (2/6): 시간관리	나는 시간을 잘 활용하고 있는가?	□ 시간 활용 실태 알아보기		△	△	
			◎ 현실요법적인 계획 세우기의 기준				○
			◎ 자투리 시간 활용 계획				○
7	행동조절 (3/6): 시간관리	일상생활 계획표 만들기	◎ 일상생활 계획표 만들기				○
			□ 계획표 점검		△		
8	행동조절 (4/6): 시간관리	일상생활 계획표 수정 및 보완	◎ 실천 정도 평가			○	
			□ 생활계획표 수정하기				△
			◎ 계획서 활용 안내 및 실천 약속				○
9	행동조절 (5/6): 도움 구하기	나의 학습 자원 관리	◎ 대인관계 갈등 상황 탐색		○		
			□ 학습 자원관리 실태 점검		△		
			◎ 도움 구하기 및 학습자원 관리 개선 계획 세우기				○
10	행동조절 (6/6): 행동통제	행동의 선택	◎ 전행동에 대한 이해		○		
			◎ 이런 경우에는?		○	○	
			□ 이렇게 할 거야!				△
11	동기조절 (4/4): 성취가치	나의 가치! 공부의 가치!	◎ 학업성취 긍정 경험 발표	○			
			◎ 능력의 손			○	
			□ 학교 학습의 가치 토론			△	

차시	영역	제재	학습 내용				
12	인지·초인지 조절 (읽기학습 1/5)	나의 읽기 습관은?	□ 독서 속도 측정		△	△	
			◎ 음독 습관 진단 및 평가		O	O	
			□ 음독을 묵독으로 교정하기				△
13	인지·초인지 조절 (읽기학습 2/5)	읽기 학습전략 1, 2단계 익히기	◎ 자신이 바라는 국어 성적 및 국어 학습상황 자기 평가	O	O	O	
			□ 1단계: 시각 바꾸기		△	△	△
			□ 2단계: 훑어보기		△	△	△
14	인지·초인지 조절 (읽기학습 3/5)	읽기 학습전략 3, 4단계 익히기	◎ 국어 학습 성공 스토리 만들기	O			
			□ 3단계: 질문하기		△	△	△
			□ 4단계: 질문의 답 찾으며 글 읽기		△	△	△
15	인지·초인지 조절 (읽기학습 4/5)	읽기 학습전략 5, 6단계 익히기	◎ 외부통제와 내부통제		O		
			□ 5단계: 통합하기		△	△	△
			□ 6단계: 글로 표현하기		△	△	△
16	인지·초인지 조절 (읽기학습 5/5)	읽기 학습 전략의 적용	◎ 현실요법적인 피드백			O	
			□ 의미 단위 확장을 위한 읽기 방법		△	△	△
			□ 읽기 학습전략 종합 적용		△	△	△
17	인지·초인지 조절(수학 문장제 해결 1/5)	수학 문장제 해결은 이렇게!	◎ 수학 학습 실태 점검 및 자기 평가	O	O	O	
			□ 수학 문장제 해결 전략 단계 익히기		△	△	△
18	인지·초인지 조절(수학 문장제 해결 2/5)	수학 문장제 해결 전략 적용, 계산과정 1회 문장제	◎ 수학 학습 성공 스토리 만들기	O			
			□ 계산과정이 1회인 문장제 해결하기		△	△	△
			□ 계산결과 토론하기			△	
19	인지·초인지 조절(수학 문장제 해결 3/5)	수학 문장제 해결 전략 적용, 계산과정 2회 문장제	◎ 현실요법적 자기 평가 방법 익히기			O	
			□ 계산과정이 2회인 문장제 해결하기		△	△	△
			□ 계산결과 토론하기			△	
20	인지·초인지 조절(수학 문장제 해결 4/5)	수학 문장제 해결 전략 적용, 계산과정 3회 문장제	◎ 서로 다른 선택의 결과				O
			□ 계산과정이 3회인 문장제 해결하기		△	△	△
			□ 계산결과 토론하기			△	
21	인지·초인지 조절(수학 문장제 해결 5/5)	수학 문장제 해결 전략 종합 적용	□ 능력에 맞는 문장제를 선택하여 해결하기		△	△	△
			□ 계산결과 토론하기			△	
			◎ 좋은 선택(quality choice)이었나?			O	
22	정리(1/1)	이젠 내 힘으로!	◎ 행동지침 실천 정도 확인 및 자기 평가			O	
			□ 명령 게임: 사이먼 가라사대			△	
			◎ 다짐나무 꾸미기				O

📖 1회기 | 나를 소개합니다

1. 영역

도입(1/1)

2. 목표

가. 각자의 특징이 드러나게 자기를 소개할 수 있다.

나. 프로그램이 어떻게 운영될 것인지 알 수 있다.

3. 준비물

서약서 양식, 활동지 1(나를 소개합니다), 활동지 2(서약서), CD 플레이어, 클래식 음악 CD

4. 활동 전개(50분)

가. 도입활동(5분)

- **잔잔한 음악 듣기**
  - 잔잔한 음악을 들려주며 몸의 근육을 풀게 한다.
    - 클래식 음악 중에서 잔잔한 음악을 골라 1분 정도 들려준다.
    - 음악을 들으며 느낌대로 천천히 몸을 움직이게 한다.
  - 이 모임에 어떻게 참석하게 되었는지 발표한다.
    - 자발적으로, 부모님의 권유로, 선생님의 권유로 등

■ 오늘의 활동 목표 알아보기

• 자신의 특징이 드러나게 자기를 소개할 수 있다.
• 프로그램이 어떻게 운영되는지 알 수 있다.

나. 중심활동(40분)

■ 자기 소개하기(20분)

• 자기 소개하기 게임을 한다.

  - 자기 이름 앞에 긍정적인 수식어를 하나 붙여 참여자들에게 말한다(예: 재미있는 ○○○, 아름다운 ○○○, 튼튼한 ○○○ 등).

  - 자기소개를 먼저 한 사람들을 차례로 말하고 자기를 말한다(예: 재미있는 ○○○ 옆에, 아름다운 ○○○ 옆에, 튼튼한 ○○○입니다).

  - 희망자는 전체를 모두 말해 본다.

• 자기소개 하는 양식(활동지 1 '나를 소개합니다')을 확인한다.

• 지도자는 자기소개 하기에 포함될 내용을 설명해 준다.

  - 이름: 실명으로 쓰게 하고, 자신의 이름에 대한 책임감을 강조한다.

  - 되고 싶은 것: 만약에 내가 무엇이든 다 될 수 있다면 어떤 것이 되고 싶은지 쓰게 한다.

  - 자신에게 가장 소중한 세 사람: 자신에게 가장 소중한 사람 3명을 쓰고, 발표 시 그 이유를 설명하게 한다.

  - 내가 행복해지려면? (자신이 행복해지려면 어떻게 해야 하는지 쓰게 한다.)

  - 본 프로그램에서 얻기를 바라는 것: 각자 자신이 이 프로그램에서 얻기를 바라는 것을 쓰게 한다.

• 작성한 활동지를 바탕으로 자기를 소개한다.

■ 프로그램 안내(10분)

• 프로그램의 목적을 소개한다.

  - "이 프로그램은 학생들이 공부를 더 효과적으로 할 수 있도록 도와주기 위하여 만들어졌습니다."

- 프로그램이 어떻게 운영되는지 소개한다.
  - 프로그램의 회기: 22회기
  - 프로그램 운영 시기: 매주 (   )요일과 (   )요일, 아침 08:00∼08:50
  - 프로그램의 근간: 현실요법과 자기조절학습
  - 프로그램 내용: 프로그램 목록표를 활용하여 프로그램의 내용을 개략적으로 안내한다(도입 1회기, 동기조절 4회기, 행동조절 6회기, 읽기학습 전략 5회기, 수학 문장제 해결 전략 5회기, 정리 1회기).
- 프로그램 지도자를 소개한다.
  - 지도자의 학력 및 경력, 도움을 줄 수 있는 부분 등

■ **활동 규준 안내 및 서약서 작성(10분)**

- 서약서 양식(붙임 활동지 2)을 확인한다.
- 활동 규준을 안내한다.
  - 모임에 빠지지 않고, 제 시간에 오기
  - 자기 생각을 적극적으로 발표하기
  - 친구의 실수나 잘못을 비난하지 않기
  - 스스로 계획한 일을 꼭 실천하기
  - 집단에서 나눈 이야기에 대해 비밀 유지하기
- 활동 규준 중 지키기 어려운 것이 있으면 발표한다.
  - 참여자들의 발표를 듣고, 각 개인의 사정에 적합하게 규준을 조정할 수 있다.
- 서약서를 작성한다.
  - 학생들은 서약서 내용을 확인하고 서명한다.
  - 서명한 서약서를 큰 소리로 읽는다.
  - 지킬 것을 다짐하고 제출한다.

다. 정리활동(5분)

■ **오늘의 활동 내용 정리**

• 우리가 앞으로 함께 활동할 프로그램의 주요 내용은 무엇인가?

• 프로그램을 함께 하면서 지켜야 할 규준은 무엇인가?

• 자기소개를 하면서 특히 기분이 좋았던 내용은 무엇인가?

• 오늘 새로 배운 것이 무엇인가?

• 오늘의 활동 소감을 발표한다.

■ **스스로 실천할 일**

• 자기가 스스로 실천할 일을 찾아본다(예: 다음 모임 시작 시간 전에 오기 등).

■ **다음 모임 예고**

• 자신의 기본욕구와 학습 스타일

나를 소개합니다

활동지 1.　　　　　　　　　　　성명 ________________

나를 소개하는 자료를 작성하여 발표해 봅시다.

만약에 내가 무엇이든 다 될 수 있다면 어떤 것이 되고 싶은가?

나에게 가장 소중한 세 사람은?

내가 행복해지려면?

내가 이 프로그램에서 얻기를 바라는 것은?

서 약 서

활동지 2.

나는 우리 프로그램이 진행되는 동안 다음 규칙을 준수할 것을 서약합니다.

첫째, 모임에 빠지지 않고, 제시간에 오겠습니다.
둘째, 나의 생각을 적극적으로 발표하겠습니다.
셋째, 친구의 실수나 잘못을 비난하지 않겠습니다.
넷째, 스스로 계획한 일은 꼭 실천하겠습니다.
다섯째, 집단에서 나눈 이야기에 대해서 비밀을 지키겠습니다.

년   월   일

이름 ___________________ (서명)

📖 2회기 | 나의 기본욕구와 학습 스타일

1. 영역

동기조절(1/4)

2. 목표

가. 자신의 기본욕구를 안다.

나. 자신의 욕구 강도와 관련지어 학습 스타일을 이해한다.

3. 준비물

다섯 가지 기본욕구들을 나타내는 그림 카드와 낱말 카드, 활동지 1(나의 욕구 강도 알아보기)

4. 활동 전개(50분)

가. 도입활동(5분)

■ 전시 학습 상기

◆ 지난 시간 활동 중에서 기억에 남는 것을 이야기한다.

◆ 활동 규준을 회상한다.

◆ 규준을 잘 지켰는지 발표한다.

■ 동기유발: 다섯 가지 기본욕구

▪ 다섯 가지 기본욕구들을 나타낸 낱말 카드를 배부한다(붙임 활동 참고자

료 참조).

- 나누어 준 낱말 카드는 무엇을 나타내는가? (기본욕구들 또는 이와 유사한 답이 나올 때가지 지도자와 참여자는 문답을 주고받는다.)

■ **오늘의 활동 목표 알아보기**

• 자신의 기본욕구를 안다.
• 자신의 욕구 강도와 관련지어 학습 스타일을 이해한다.

나. 중심활동(40분)

■ **다섯 가지 기본욕구란?(10분)**

- 최근에 일어난 일들 중 기억에 남는 일을 회상한다.
- 친구들이 발표하는 기억에 남는 일을 듣고 나서 어느 욕구가 충족되었는지 또는 좌절되었는지 낱말 카드를 들어 보인다.
- 왜 그 욕구 낱말 카드를 들었는지 설명한다.
- 이러한 방법으로 참여자 모두 기억에 남는 일을 발표하고, 듣는 사람은 무슨 욕구와 관련이 있는지 찾아본다.
- 다섯 가지 기본욕구들을 나타내는 그림 카드가 들어 있는 대봉투를 배부한다(붙임 활동 참고자료 참조).
- 대봉투 속에 들어 있는 그림 카드를 꺼내어 낱말 카드와 맞추어 본다.
- 서로 다르게 맞춘 경우를 찾아 자기들의 입장을 설명한다.
- 전체가 최선이라고 동의하는 그림 카드와 낱말 카드의 조합을 만든다.
- 지도자는 기본욕구에 대하여 정리해 준다.

■ **나의 기본욕구 알아보기(15분)**

- '활동지 1'로 나의 욕구 강도를 측정해 본다.
- 측정 결과가 자신이 느끼는 바와 같은지 확인한다. 다르다면 어떻게 다른지 발표한다.
  - 활동지 1로 측정한 결과와 자신이 생각하는 바가 다르면, 구체적인 문답을 통해서 욕구 강도를 조정할 수 있다.

- 자신에게 강한 욕구들이 어떤 것인지 발표한다.
- 이렇게 강한 욕구들이 좌절되었을 때 어떻게 행동하는지 발표한다.
- 자신의 판단으로 현재 충족된 욕구와 좌절된 욕구가 어느 것인지 발표한다.

■ **욕구 강도별 학습 스타일 알아보기(15분)**

- 욕구 강도가 비슷한 참여자들끼리 소집단을 편성한다.
- 다음 관점에 따라 소집단끼리 토의한다.
  - 공부가 잘 되는 환경은?
  - 이럴 때 나는 공부가 신이 난다.
  - 내가 선생님이라면 이렇게 가르치겠다.
  - 우리의 공통된 특징은?
- 토의 결과를 발표하고 피드백을 주고받는다.

> * 제시 가능한 피드백
> - 강한 힘의 욕구 소유자: 동료들의 멘토 역할, 목표를 높게 설정
> - 사랑의 욕구가 강한 참여자: 스터디 그룹(study group)을 만들어 학습하기
> - 자유의 욕구가 강한 참여자: 혼자 공부할 수 있는 공간 필요
> - 즐거움의 욕구가 강한 참여자: 공부 후 즐거운 일로 자기 보상

다. 정리활동(5분)

■ **오늘의 활동 내용 정리**

- 인간의 5가지 기본욕구를 정리한다.
- 오늘 새로 배운 것이 무엇인지 발표한다.
- 오늘의 활동 소감을 발표한다.

■ **스스로 실천할 일 정하기**

- 나의 욕구 강도 때문에 일어나는 경험하게 되는 일들은 무엇인지 살펴보기 등(과제를 강요하지 말고 각자 자신이 선택하는 과제 수행하게 한다.)

■ **다음 모임 예고**

- 내가 좋아하는 것과 잘하는 것 탐색하기

나의 욕구 강도 알아보기

활동지 1. 성명 ______________________

나는 어떤 욕구가 강할까요? 나의 욕구 강도를 측정해 봅시다.

<1> 생존의 욕구	전혀 그렇지 않다(1점)	별로 그렇지 않다(2점)	때때로 그렇다(3점)	자주 그렇다(4점)	언제나 그렇다(5점)
1. 돈이나 물건을 절약한다.					
2. 돈으로 살 수 있는 것에 각별한 만족을 느낀다.					
3. 자신의 건강 유지에 관심이 있다.					
4. 균형적인 식생활을 하려고 노력한다.					
5. 부득이한 경우가 아니면 모험을 피하고 싶다.					
6. 외모를 단정하게 가꾸는 데 관심이 있다.					
합계					
총점 및 평균	총점:			평균:	
<2> 사랑과 소속의 욕구	전혀 그렇지 않다(1점)	별로 그렇지 않다(2점)	때때로 그렇다(3점)	자주 그렇다(4점)	언제나 그렇다(5점)
1. 나는 사랑과 친근감을 많이 필요로 한다.					
2. 다른 사람을 위하는 일에 관심이 많다.					
3. 사람들과 함께 있는 것을 좋아한다.					
4. 아는 사람과는 가깝고 친밀하게 지낸다.					
5. 상대방이 내게 관심을 가져주길 바란다.					
6. 다른 사람들에게 친절하게 대한다.					
합계					
총점 및 평균	총점:			평균:	
<3> 힘과 성취의 욕구	전혀 그렇지 않다(1점)	별로 그렇지 않다(2점)	때때로 그렇다(3점)	자주 그렇다(4점)	언제나 그렇다(5점)
1. 내가 하는 가사나 직업에 대해 사람들에게 인정받고 싶다.					

<4> 자유의 욕구	전혀 그렇지 않다(1점)	별로 그렇지 않다(2점)	때때로 그렇다(3점)	자주 그렇다(4점)	언제나 그렇다(5점)
2. 다른 사람에게 충고나 조언을 잘한다.					
3. 경제적으로 남보다 잘 살고 싶다.					
4. 사람들에게 칭찬 듣는 것을 좋아한다.					
5. 자기 분야에서 탁월한 사람이 되고 싶다.					
6. 내 성취와 재능을 자랑스럽게 여긴다.					
합계					
총점 및 평균	총점:		평균:		

<4> 자유의 욕구	전혀 그렇지 않다(1점)	별로 그렇지 않다(2점)	때때로 그렇다(3점)	자주 그렇다(4점)	언제나 그렇다(5점)
1. 사람들이 내게 어떻게 하라고 지시하는 것이 싫다.					
2. 다른 사람에게 어떻게 살아야 한다고 강요하면 안 된다고 믿는다.					
3. 누구나 다 인생을 살고 싶은 대로 살 권리가 있다고 믿는다.					
4. 내가 하고 싶은 일을 하고 싶은 때 하고 싶다.					
5. 누가 무어라고 해도 내 방식대로 살고 싶다.					
6. 인간은 모두 자유롭다고 믿는다.					
합계					
총점 및 평균	총점:		평균:		

<5> 즐거움의 욕구	전혀 그렇지 않다(1점)	별로 그렇지 않다(2점)	때때로 그렇다(3점)	자주 그렇다(4점)	언제나 그렇다(5점)
1. 큰 소리로 웃기를 좋아한다.					
2. 유머를 사용하거나 듣는 것이 즐겁다.					
3. 나 자신에 대해서도 웃을 때가 있다.					
4. 뭐든지 유익하고 새로운 것을 배우는 것이 즐겁다.					
5. 흥미 있는 게임이나 놀이를 좋아한다.					
6. 새로운 방식으로 일하거나 생각해 보는 것이 즐겁다.					
합계					
총점 및 평균	총점:		평균:		

* 출처: W. Glasser, 우애령 역, 2007, 결혼의 기술. 서울: 하늘재, pp.206~209의 내용을 참여자들의 수준에 맞게 문항 수를 조정하고 문맥을 수정하여 도표화함

활동 참고자료

🖍 기본욕구 낱말 카드와 그림 카드 예시

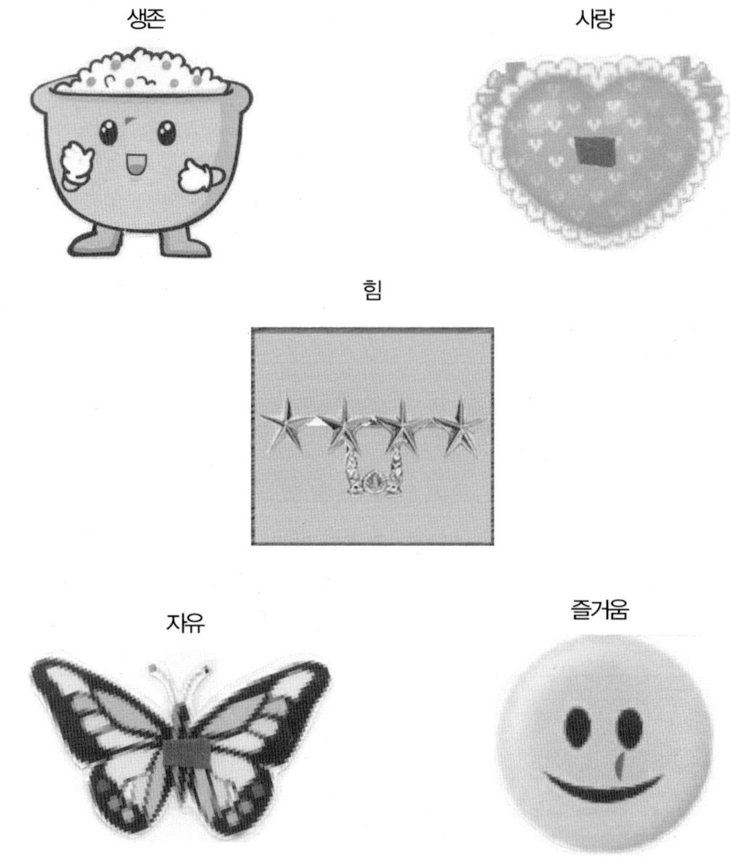

📖 3회기 | 내가 좋아하는 것, 내가 잘하는 것

1. 영역

동기조절(2/4)

2. 목표

가. 자신의 좋은 세계(quality world)를 안다.

나. 자신이 좋아하는 것과 잘하는 일을 바탕으로 자신에게 맞는 직업을 세 가지 정도 찾을 수 있다.

3. 준비물

활동지 1(내가 좋아하는 것과 잘하는 일), 활동지 2(이런 것이 필요해요), 인터넷 검색이 가능한 환경(1인 1컴퓨터), A4 용지(참여자 수만큼)

4. 활동 전개(50분)

가. 도입활동(5분)

■ 전시 활동 상기

- 인간의 다섯 가지 기본욕구를 회상한다.
- 나의 욕구 강도는 어떻게 나타났는지 발표한다.
- 나에게 맞는 학습 스타일을 발표한다.
- 스스로 정하여 실천한 일에 대하여 발표한다.

■ 오늘의 활동 목표 알아보기

- 자신에게 이루어지기를 바라는 마음속의 사진들을 이해한다.
- 자신이 좋아하는 것과 잘하는 일을 바탕으로 자신에게 맞는 직업을 세 가지 정도 찾을 수 있다.

나. 중심활동(40분)

■ 좋은 세계(Quality World) 알아보기(10분)

- 계란화를 그려 발표한다(붙임 활동 참고자료 참조).

  - A4 용지를 나누어 주고, 넓은 면을 기준으로 반으로 접게 한다.

  - "A4 용지 왼편에 원하는 모양의 알을 그리세요."

  - "지금 이 알에서 뭔가 태어나려고 해요. 그러니까 당신이 이 알에 금을 그려 넣어 태어나는 것을 도와주시겠어요?"

  - "이 알에서는 당신이 원하는 것은 무엇이라도 태어날 수 있어요. 당신이 알에서 나왔으면 좋겠다고 생각하는 것을 계란껍질과 함께 A4 용지 오른편에 그려 주세요."

  - 어떤 그림인지 발표한다.

  - 이러한 바람은 나의 어떤 욕구와 관련이 있는지 발표한다.

- "우리들의 마음속에는 자신에게 이루어지기를 바라는 수많은 사진들이 있어요. 여러 분은 어떤 사진들이 있는지 이야기해 보세요."

  - 같이 있고 싶은 사람은?

  - 갖고 싶은 물건은?

  - 하고 싶은 일은?

* 유의사항
- 좋은 세계(Quality world)라는 개념을 직접 지도하면 초등학생들이 어려워할 수 있다. 그러므로 이 개념을 직접 지도할 것이 아니라 개념의 핵심요소를 경험할 수 있도록 지도한다.

• 이러한 것들이 실제로 이루어졌다고 가정해 보자. 나는 어떤 모습일까?

■ **자신이 좋아하는 것과 잘하는 일 찾기(15분)**

• 자기가 잘하는 것과 좋아하는 것이 무엇인지 떠올린다.

• '활동지 1'을 확인한다.

• '활동지 1'에 영역별로 자기가 잘하는 것과 좋아하는 것을 기록한다.

> ※ 영역
> - 동물과 자연, 여행, 의학, 예술, 컴퓨터, 음식조리, 자동차, 가르치는 일, 안전을 지키는 일, 봉사하는 일, 저축과 경제, 사교적인 일, 예쁘게 꾸미는 일, 체육, 과학, 기타 등
> - 이번 시간에는 청소년 워크넷(http://youth.work.go.kr)을 중심으로 자신에게 맞는 직업을 탐색하는 것이다. 따라서 활동의 일관성을 유지하기 위해 청소년 워크넷에 제시된 직업군들을 바탕으로 영역을 선정하였다.

• 자신이 기록한 결과를 발표한다.

• 직업을 선택할 때 기준은 무엇일까?

  - 내가 좋아하는 것

  - 내가 잘하는 것

  - 사회적으로 가치 있는 일

■ **나에게 맞는 직업 세 가지(15분)**

• 참여자 모두 청소년 워크넷(http://youth.work.go.kr)에 접속한다.

• '청소년 워크넷(http://youth.work.go.kr)→초등학생→흥미로운 직업의 세계'에서 자신에게 맞는 물음에 체크한다.

  - 자신이 해결한 활동지 2 '내가 잘하는 것과 좋아하는 일들'을 참조하여 체크해 나간다.

나랑 맞는 직업 선택

☑ 동물과 자연을 좋아하나요?
☐ 세계 여러 나라를 여행하고 싶은가요?
☐ 한국의 슈바이처가 되고 싶나요?
☐ 멋진 예술가를 꿈꾸나요?
☐ 세계적인 스타가 되고 싶나요?
☐ 컴퓨터와 자동차를 좋아하나요?
☐ 예쁘고 맛있는 것에 관심이 많은 가요?
☑ 가르치고 남을 돕기 좋아하나요?
☐ 다른 사람의 안전을 지켜 주고 싶은 마음이 있나요?
☐ 저축과 경제에 관심이 많나요?
☐ 사교성이 좋고 말을 잘하나요?

- 물음에 체크하기를 마치면 우측 하단의 '선택한 직업보기'를 클릭한다. 만약 위와 같이 두 가지를 체크했다면 다음과 같이 안내된다.

동물과 자연을 좋아하는 어린이
> 수의사　　　> 애견미용사　　> 동물조련사　　> 농업인

가르치는 것을 좋아하고 다른 사람을 돕기를 좋아하는 어린이
> 헤드헌터　　　> 교사 F1　　　> 교수　　　> 사서

- 안내된 직업들을 클릭하면 상세 설명이 나온다. F1을 누르면 동영상을 볼 수 있다.
- 안내된 직업과 내가 바라는 직업은 일치하는가? 일치하지 않는다면 어떤 차이가 있는가? (각자의 생각을 발표한다.)
- 내가 갖고 싶은 직업 세 가지를 고른다면?
- 자신이 고른 직업을 '활동지 2'에 기록한다.
- 안내된 글과 Flash(동영상) 자료들을 살펴보고, 필요한 학력과 기술 등을

기록한다.

- 자신이 선택한 직업을 얻기 위하여 노력할 점을 발표한다.
- '흥미로운 직업의 세계' 화면에서 '전체 직업보기'를 클릭하여 자기에게 안내된 직업 외에도 여러 가지 직업이 있음을 확인한다.

> * 유의사항
> - 청소년 워크넷(http://youth.work.go.kr)에서 자신이 원하는 직업을 찾을 수 없을 경우에는 커리어넷(http://www.careernet.re.kr)에 접속하여 메인 화면의 좌측 하단에 있는 직업사전을 활용하도록 한다. 이곳에서는 안내된 글과 사진자료, 동영상 자료 등을 찾아볼 수 있다.

다. 정리활동(5분)

■ 오늘의 활동 내용 정리

- 내가 좋아하는 것들을 회상해 본다.
- 내가 잘하는 일들을 생각해 본다.
- 내가 선택한 세 가지 직업들을 생각해 본다.
- 오늘 새로 배운 것이 무엇인지 발표한다.
- 오늘의 활동 소감을 발표한다.

■ 스스로 실천할 일 정하기

- 자신이 선택한 직업에 대하여 부모님과 대화 나누기 등

■ 다음 모임 예고

- 한 학기 목표와 1일 행동지침 설정하기

활동지 1.   성명 ________________

내가 잘하는 것들과 좋아하는 일들을 아래 표에 영역별로 분류해서 적어
보세요.

영역	좋아하는 것	잘하는 일
동물과 자연		
여행		
의학		
예술		
컴퓨터		
음식조리		
자동차		
가르치는 일		
안전을 지키는 일		
봉사하는 일		
저축과 경제		
사교적인 일		
예쁘게 꾸미는 일		
체육		
과학		
기타		

활동지 2.　　　　　　　　　　성명 ______________

자신이 선택한 세 가지 직업에 필요한 학력, 능력 및 기술, 성격이 무엇인지 조사해 보세요.

직업	학력	능력 및 기술, 성격

계란화 예시

📖 4회기 구체적인 목표 세우기

1. 영역

동기조절(3/4)

2. 목표

가. 자신의 공부 습관을 점검하여 고쳐야 할 부분을 안다.

나. 자신이 실천할 수 있는 한 학기 목표와 1일 행동지침을 작성할 수 있다.

3. 준비물

활동지 1(나의 공부 습관 점검), 활동지 2(한 학기 목표와 1일 행동 지침),
색연필, A4 용지(참여자 수만큼)

4. 활동 전개(60분)

가. 도입활동(5분)

■ 전시 활동 상기

• 내가 좋아하는 것과 잘하는 것들을 상기한다.

• 내가 선택한 세 가지 직업은?

• 지난 시간에 '나의 직업에 필요한 학력과 능력'을 조사하면서 느낀 점을
발표한다.

■ 오늘의 활동 목표 알아보기

- 자신의 공부 습관을 점검하여 고쳐야 할 부분을 찾아낼 수 있다.
- 자신이 실천할 수 있는 한 학기 목표와 1일 행동지침을 작성할 수 있다.

나. 중심활동(38분)

■ **좋은 세계(Quality World)와 장래 희망(10분)**

- 나의 장래 희망은 무엇인가?
- 내가 어른이 되어서 꼭 되고 싶은 직업들을 그림으로 나타낸다.
  - A4 용지를 넓은 면을 기준으로 3단으로 접는다.
  - 각각의 칸에 자신이 바라고 있는 직업들을 연필이나 색연필로 그린다.
  - 각자 자신의 그림에 대하여 발표한다.
- 지난 시간에 내가 선택한 직업들과 오늘 그린 것이 일치한가? 달라졌다면 무엇이 무엇으로 바뀌었는지 이유를 들어 설명한다.
- 내가 선택한 직업들을 정말로 갖게 된다면 나에게 어떤 변화가 일어날까?
- 어떻게 하면 내가 선택한 직업을 실제로 가질 수 있을까?
  (참여자들의 대답을 바탕으로 다음 활동인 공부습관 점검, 한 학기 목표 수립 및 행동지침 작성과 연결되도록 한다.)

■ **나의 공부 습관 점검(15분)**

- '활동지 1'을 확인한다.
- 자신의 공부습관을 점검하여 발표한다.
  - 나는 학교에서 배운 내용을 집에서 반드시 복습하는가?
  - 나는 학교 공부 전에 주요 과목을 예습하는가?
  - 나는 모르는 것이 있으면 다른 사람에게 물어보거나 책, 참고서에서 알아보는가?
  - 나는 학교 공부시간에 집중하는가?
  - 나는 책을 읽을 때 책의 내용을 머릿속에 정리해 가면서 읽는가?
  - 나는 수업이 끝난 후 그 시간에 배운 중요한 내용을 머릿속에 정리하는가?

- 나는 공부시간에 풀다가 틀린 문제를 나중에 다시 들여다보는가?
- 나는 공부나 숙제를 할 때 중요하다고 생각되는 것을 정확하게 이해하려고 애쓰는가?
- 나는 수업시간에 발표를 잘하는가?
- 나는 누가 도와주지 않더라도 책이나 자료를 보고 혼자서 공부하는가?
- 특히 개선하고 싶은 것은 어느 것인가?

> * 유의사항
> - 현실요법의 기법 중 자기 평가에 초점을 맞추어 진행한다.
> - 지도자는 학업성취를 위한 구체적인 목표 수립이 필요함을 참여자가 스스로 느끼도록 한다.

■ 한 학기 목표와 1일 행동지침 작성 및 발표(15분)

- '활동지 2'를 확인한다.
- 현재 자신의 성적이 어느 정도인지 확인한다. 이때 진단평가 성적이나 중간고사 성적을 활용하되, 각 개인의 성적이 공개되지 않도록 한다.
- 한 학기 목표를 수립하도록 한다. 다음과 같은 예시문을 제시하여 참고하도록 한다.

> * 한 학기 목표 예시문
> - 국어 학력 향상: ( )점 이상
> - 수학 학력 향상: ( )점 이상
> - 수학 문장제 해결 능력 향상: 문장제 문제집 (   )권 해결
> - 독서량 늘리기: ( )권 이상
> - 독서능력 향상: 1분에 (   )쪽 이상 읽기

- '활동지 1'에서 점검한 공부 습관 중 개선하고 싶은 내용을 중심으로 1일 행동 지침을 선정한다.

* 1일 행동 지침 예시문
 - 주 (   )회 이상 국어 예습하기　　　 - 주 (   )회 이상 수학 예습하기
 - 주 (   )회 이상 국어 복습하기　　　 - 주 (   )회 이상 수학 복습하기
 - 하루에 수학 문장제 (   )개씩 풀기
 - 하루에 (   )쪽 이상씩 책읽기
 - 하루 (   )쪽 이상씩 (   ) 문제 해결
 - 하루에 (   )번 이상 질문하기

- 지도자는 순회하면서 참여자가 1일 행동지침과 한 학기 목표를 바르게 세우고 있는지 확인하고 개별 지도한다.
- 각자 작성한 내용을 발표하도록 한다.
- 발표 내용을 듣고 부적절한 지침은 다음 기준으로 피드백해 주고, 수정하도록 한다.
  - 참여자 스스로 실천할 수 있는 지침인가?
  - 한 학기 목표달성에 도움이 되는 지침인가?
  - 즉시 시행할 수 있는 지침인가?
  - 실현 가능한 지침인가?
- '행동 지침' 활용방법 안내
  - 매주 프로그램의 본 활동 전에 자신의 1일 행동 지침 준수 사항을 확인하고, 자기 평가한다.
  - 자기 평가 기준을 참여자 스스로 정한다.

* 주별 자기 평가 기준 예시
 - 항목별 평균이 4점 이상이면 우수
 - 지난주보다 항목별 평균이 0.5점 이상 향상되면 우수 등

  - 6회기와 7회기 도입 시 자신의 실천 정도를 확인한다.
  - 자기가 정말 실천할 수 있는 지침들을 일상생활 계획표(8회기의 활동)

에 반영할 것이다.

다. 정리활동(5분)

■ **오늘의 활동 내용 정리**

- 자신이 수립한 '한 학기 목표'와 '행동 지침'을 확인한다.

- 행동지침 준수를 위한 다짐의 시간을 갖는다.

- 오늘 새로 배운 것이 무엇인지 발표한다.

- 오늘의 활동 소감을 발표한다.

■ **스스로 실천할 일**

- 자기 스스로 실천할 일을 찾아본다(예: 1일 행동지침 실천해 오기 등).

■ **다음 모임 예고**

- 내 마음대로 할 수 있는 하루 시간표 만들기

나의 공부습관 점검

활동지 1.   성명 ___________________

아래의 내용은 나의 공부습관과 관련된 문항입니다. 자신에게 해당되면 '예'에, 그렇지 않으면 '아니오'에 √표 하세요.

내　　용	예	아니오
1. 나는 학교에서 배운 내용을 집에서 반드시 복습하는가?		
2. 나는 학교 공부 전에 주요 과목을 예습하는가?		
3. 나는 모르는 것이 있으면 다른 사람에게 물어보거나 책, 참고서에서 알아보는가?		
4. 나는 학교 공부시간에 집중하는가?		
5. 나는 책을 읽을 때 책의 내용을 머릿속에 정리해 가면서 읽는가?		
6. 나는 수업이 끝난 후 그 시간에 배운 중요한 내용을 머릿속에 정리하는가?		
7. 나는 공부시간에 풀다가 틀린 문제를 나중에 다시 들여다보는가?		
8. 나는 공부나 숙제를 할 때 중요하다고 생각되는 것을 정확하게 이해하려고 애쓰는가?		
9. 나는 수업시간에 발표를 잘하는가?		
10. 나는 누가 도와주지 않더라도 책이나 자료를 보고 혼자서 공부하는가?		

♣ '예'에 답한 문항이 몇 개인가요?___________________개

♣ '아니오'에 답한 문항이 몇 개인가요?___________________개

♣ 내가 고쳐 보고 싶은 것은 어느 것인가?___________________

____

한 학기 목표와 1일 행동지침

활동지 2.   성명 ______________

▨ 현재 나의 교과 성적은 어느 정도인가요?

▨ 한 학기 목표를 세우고, 이를 달성하기 위한 1일 행동지침을 제시해 보세요.

한 학기 목표									
1일 행동 지침	날짜 및 요일	/	/	/	/	/	/	/	점수
		월	화	수	목	금	토	일	

〈매일 스스로 평가하세요.〉	합계	실천한 요일에 ○표 하세요.	
■ 매우 잘함: 5점 ■ 잘함: 4점 ■ 보통: 3점 ■ 못함: 2점 ■ 매우 못함: 1점	실천 소감		

📖 5회기 | 마법사가 선물로 준 하루

1. 영역

행동조절(1/6)

2. 목표

가. 자신이 원하는 활동을 중심으로 하루의 시간표를 만들 수 있다.

나. 주어진 상황을 고려하여 최선의 하루 시간표를 만들 수 있다.

3. 준비물

색연필, 서로 다른 노래 이름이 적힌 쪽지(인원수만큼, 참여자의 $\frac{1}{2}$ 만큼 노래 수를 정함), 활동지 1(마법사에게 선물 받은 하루), 활동지 2(최선의 시간표), 가정학습지(나의 시간 활용 실태조사)

4. 활동 전개(50분)

가. 도입활동(5분)

■ **전시학습 상기 및 1일 행동지침 실천 확인**

• 전 회기에 자신의 공부습관을 점검하고, 1일 행동 지침을 작성했음을 상기시킨다.

• 스스로 선택하여 실천한 일을 발표한다.

• 학생들이 지난 한 주 동안 1일 행동지침을 어떻게 실천하였는지 발표한다.

■ **동기유발: 같은 노래 찾기**

• 노래 제목을 쓴 쪽지를 한 장씩 나누어 가진다. 자기가 가진 종이에 적힌 노래 제목을 확인하고, 다른 사람이 보지 못하도록 책상 밑에 놓아둔다.

• 지도자가 "노래 시작!" 하면 노래를 부른다.

• 노래를 부르며 같은 노래를 부르는 사람들끼리 모인다.

• 같은 노래를 부르는 사람이 모두 모일 때까지 계속해서 자기 노래를 반복해시 부른다.

• 같은 노래를 부른 사람끼리 2인 1조를 만들어 자리에 앉는다.

■ **오늘의 활동 목표 알아보기**

• 하루를 내 마음대로 사용할 수 있는 시간표를 만들 수 있다.
• 주어진 상황을 고려하여 바람직한 하루 시간표를 만들 수 있다.

나. **중심활동(40분)**

■ **마법사의 선물: 내 맘대로 시간표 만들기(15분)**

• 일상생활에서 가장 하고 싶은 일들이 무엇인지 발표한다.
   – 평소의 하고 싶은 일의 예: 컴퓨터 게임하기, 친구랑 놀기, TV 보기, 장난감 사러 가기, 아이스크림 먹기, 만화책 보기 등

• '활동지 1'을 확인한다.

• 지도자가 참여자들에게 상황을 설명해 준다.

어느 날 마법사가 여러분에게 나타났어요. 그리고 여러분에게 하루를 선물로 주겠다고 했어요. 마법사가 준 하루 동안은 여러분들이 하고 싶은 일들을 모두 할 수 있대요. 게다가 엄마나 어른들의 잔소리나 간섭을 받지 않게 해 준다고 하네요. 여러분이 평소에 하고 싶었던 일들을 모두 생각해 보세요. 그리고 하루를 즐겁게 보낼 계획을 세워 보세요. 단, 마법사가 준 시간은 오전 7시부터 밤 10시까지예요.

- 평소에 자기가 하고 싶었던 일들을 발표한다.
- 마법사가 준 시간 선물에 따라 평소에 하고 싶은 일들을 자유롭게 시간표에 적어 본다.
- 자신이 만든 시간표를 발표한다.

* 유의사항
 - 지도자는 실현될 수 없는 계획들이 어떤 것인지 세심하게 듣는다.

■ 좋은 세계(Quality World)와 현실세계에서의 시간 활용 비교(10분)

- 내 마음대로 짠 시간표에 하루 동안 하고 싶은 일들을 모두 표현했나요? 아직 표현하지 못한 것이 있다면 무엇인가요?
- 내 마음속에는 하루 동안 할 일들이 많이 있는데, 이 일들을 중요한 순서대로 나타낸다면?
- 내가 절대 포기할 수 없는 것은 어느 것인가?
- 지도자는 다음 상황을 아래와 같이 설명해 준다.

마법사의 제자가 여러분들이 활동을 잘 하고 있는지 보러 왔어요. 그런데 이 제자는 마법사가 일을 너무 많이 시켜서 짜증이 나 있어요. 내가 짜증 날 땐 다른 사람이 행복해하는 것도 보기 싫죠? 이 제자도 여러분들이 행복해하는 모습에 샘이 잔뜩 났나 봐요. 아, 글쎄 이 제자가 여러분들을 시험한다고 하네요. 마법사의 제자가 물어보면, 여러분들이 계획한 일이 현실세계에서도 실현 가능하다는 것을 설명해 주세요. 그래야 시험에 통과할 수 있어요. 설명할 수 없는 일은 실행할 수 있는 다른 일로 교체해야 해요. 그렇지 않으면 마법사에게 일러바친다고 하네요.

- 짝이 마법사의 제자가 되어 현실세계에서는 도저히 실행할 수 없는 일을 골라서 어떻게 실천할 것인지 묻는다.
- 시간표를 작성한 사람은 타당한 이유를 들어 실천할 수 있음을 주장하고, 그럴 수 없는 경우에는 대신할 수 있는 일로 교체한다.
- 마법사의 제자와 시간표 작성자는 안건별로 서로 합의가 될 때까지 의견을 주고받는다.

■ **짝과 함께 최선의 시간표 만들기(15분)**

- '활동지 2'를 확인한다.
- '활동지 2'의 주의 1~3을 설명해 준다.

마법사의 제자가 마법사에게 돌아가 여러분들의 시험 성적을 말씀드렸어요. 그런데 성적이 신통치 않은지 마법사가 다음과 같은 주의문을 내려 주고, 시간표를 다시 작성하라고 하네요.
주의 1. 내일은 학교에서 시험이 있다.
주의 2. 마법사가 보기에 너무 놀기만 하고, 학교생활에 도움이 안 된다고 생각되면 주어진 하루는 사라진다.
주의 3. 내가 선물 받은 시간은 오전 7시부터 오후 10시까지이다.

- 아래와 같은 내용을 고려하여 짝과 함께 최선의 시간표를 작성한다.

- 최선의 시간표를 발표한다.

- 최선의 시간표를 만들면서 느꼈던 갈등을 발표한다.

  - 하고 싶었지만 할 수 없었던 일은?

  - 하기 싫었지만 해야 할 일은?

  - 힘들었던 점은?

  - 고민했던 점은?

- 우리의 선택이 최선이었는지 살펴본다.

다. 정리활동(5분)

■ 활동 소감 나누기

- 오늘 활동을 하면서 느낀 점을 발표한다.

- 오늘 새로 배운 것이 무엇인지 발표한다.

■ 스스로 실천할 일

- 가정 학습지(나의 시간 활용 실태 조사)의 해결방법을 안내한다.

  - 어제 하루 24시간을 어떻게 보냈는지 구체적으로 기록한다.

  - 이와 같은 요령대로 1주일간을 어떻게 보냈는지 다음 회기까지 기록해 온다.

* 유의사항
 - 1주일간을 모두 기록해 오라고 하면 부담스러워하는 참여자가 있을 수 있으므
   로 개인의 의견을 들어 기록해 올 분량을 정해 줄 수 있다.

■ 다음 모임 예고
 • 시간 활용 실태 점검 및 자투리 시간 활용 계획 수립하기

마법사에게 선물 받은 하루

활동지 1.　　　　　　　　　성명 _______________

🖊 어느 날 나에게 마법사가 나타났어요. 그리고 나에게 시간을 선물로 주었어요. 하루 종일(오전 7시~밤 10시까지) 내가 하고 싶은 일을 내 맘대로 하면서 보낼 수 있게 해 준다고 약속했어요. 평소 내가 하고 싶던 일을 생각해 보고 하루를 계획해 보세요.

시 간	할 일
오전 7:00~8:00	
8:00~9:00	
9:00~10:00	
10:00~11:00	
11:00~12:00	
오후 12:00~1:00	
1:00~2:00	
2:00~3:00	
3:00~4:00	
4:00~5:00	
5:00~6:00	
6:00~7:00	
7:00~8:00	
8:00~9:00	
9:00~10:00	
10시 이후	잠자리에 들기

최선의 시간표 만들기

활동지 2.   성명 ___________________

 다음을 읽고 주의사항을 지키면서 짝과 함께 '최선의 시간표'를 멋지게 만들어 보세요.

* 주의 1. 내일은 학교에서 시험이 있다.
* 주의 2. 마법사가 보기에 너무 놀기만 하고, 학교생활에 도움이 안 된다고 생각되면, 주어진 하루는 사라진다.
* 주의 3. 주어지는 시간은 오전 7시부터 밤 10시까지이다.

시 간	할 일
오전 7:00~8:00	
8:00~9:00	
9:00~10:00	
10:00~11:00	
1:00~12:00	
오후 12:00~1:00	
1:00~2:00	
2:00~3:00	
3:00~4:00	
4:00~5:00	
5:00~6:00	
6:00~7:00	
7:00~8:00	
8:00~9:00	
9:00~10:00	
10시 이후	잠자리에 들기

마법사에게 받은 하루를 어떻게 보낼 것인지 짝과 함께 최선의 시간표를 만들었나요? 시간표를 만들고 난 느낌을 적어 보세요.

(하고 싶었지만 할 수 없었던 일, 하기 싫었지만 해야 할 일, 힘들었던 점, 고민했던 점 등)

나의 시간 활용 실태 조사

가정학습지   성명 ______________________

📝 내가 시간을 어떻게 활용하고 있는지 1주일간 점검해 보세요.

시간	월	화	수	목	금	토	일	시간
6:00~7:00								6:00~7:00
7:00~8:00								7:00 0:00
8:00~9:00								8:00~9:00
9:00~10:00 (1교시)								9:00~10:00 (1교시)
10:00~11:00 (2교시)								10:00~11:00 (2교시)
11:00~12:00 (3교시)								11:00~12:00 (3교시)
12:00~1:00 (4교시)								12:00~1:00 (4교시)
1:00~2:00 (5교시)								1:00~2:00 (5교시)
2:00~3:00 (6교시)								2:00~3:00 (6교시)
3:00~4:00								3:00~4:00
4:00~5:00								4:00~5:00
5:00~6:00								5:00~6:00
6:00~7:00								6:00~7:00
7:00~8:00								7:00~8:00
8:00~9:00								8:00~9:00
9:00~10:00								9:00~10:00
10:00~11:00								10:00~11:00
11:00~12:00								11:00~12:00
12:00~1:00								12:00~1:00
학습시간	( )시간	( )시간	( )시간	( )시간	( )시간	( )시간	( )시간	총 ( )

○ 학습시간: 혼자서 공부하거나 숙제한 시간을 말하는 것으로 학교 수업시간, 학원이나 과외 시간은 제외됨

📖 6회기 나는 시간을 잘 활용하고 있는가?

1. 영역

행동조절(2/6)

2. 목표

가. 자신의 시간 관리의 문제점을 알고, 개선 방법을 찾을 수 있다.

나. 자신의 자투리 시간 활용 계획을 세울 수 있다.

3. 준비물

나의 시간 활용 실태 조사서(5회기의 가정학습지), 활동지 1(나는 시간을
잘 활용하고 있는가?), 활동지 2(자투리 시간 이렇게 활용해요).

4. 활동 전개(50분)

가. 도입활동(5분)

- **기억에 남는 일이나 행복했던 경험 발표하기**
  - 참여자는 지난 회기 이후에 겪은 일 들 중에서 기억에 남는 일이나 행복
    했던 경험을 발표한다.
  - 지도자는 참여자가 발표하는 내용 중에서 충족된 욕구와 충족되지 못한
    욕구, 바람 등을 참여자 스스로 깨닫도록 발문한다.
- **전시학습 상기 및 1일 행동지침 실천 확인하기**

- 지난 시간에 내 맘대로 시간표와 최선의 시간표를 만들어 보았음을 상기한다.
- 학생들이 지난 한 주 동안 1일 행동지침을 어떻게 실천하였는지 발표한다.
- 스스로 계획하여 실천한 일이 있으면 발표한다.

■ **오늘의 활동 목표 알아보기**

- 자신의 시간관리 실태를 점검하고, 개선 방법을 찾을 수 있다.
- 자신의 자투리 시간 활용 계획을 세울 수 있다.

나. 중심활동(40분)

■ **니의 시간 활용 실대 알아보기(15분)**

- 지난 회기에 가정학습지로 제시한 시간 활용 실태조사서를 준비한다.
- 매일매일 구체적으로 기록되어 있는가?
- 실태조사표의 아래에 있는 학습시간, 자유시간, 생활시간의 양과 1주일간의 합계를 계산해서 빈칸에 써 넣었는가?
- 어제 있었던 일을 일어나서부터 잠자리에 들 때까지 구체적으로 발표한다. 참여자들은 발표자의 내용을 듣고, 효과적으로 사용한 시간과 낭비된 시간을 찾아 피드백해 준다.

* 유의사항
- 참여자들이 자신의 경험을 충분히 발표하여 활동에 능동적으로 참여하게 한다.

- 4인 1조가 되어 친구들과 서로 비교해 본다.
- 나와 친구들의 다른 점은 무엇인가?
- '활동지 1'을 확인한다.
- 자신의 시간 활용 실태 점검표를 작성한다.
- 자신의 시간관리 문제점이 무엇이고, 어떻게 개선할지 발표한다.

- 늘려야 할 시간
- 줄여야 할 시간
- 고쳐야 할 습관 등

■ **현실요법적인 계획 세우기의 기준 알아보기**(10분)

• 계획을 세웠는데 잘 실천하지 못했던 경험을 발표한다.

- 실천할 수 없었던 까닭을 찾아본다.

- 이 계획을 실천하려면 어떻게 바꾸면 될까?

• 어떤 계획이 좋은 계획일까?

(참여자들의 발표를 토대로 다음의 기준이 나올 수 있도록 한다.)

• 계획 세우기의 기준을 알아본다.

① 간단한(simple) 계획을 세워라.
- 누구도 아니고 바로 내가 쉽게 할 수 있는 행동을 계획하자.
- 어떤 것을 하지 않겠다고 하는 계획은 도움이 되지 않는다. 어떤 것을 하겠다는 계획을 세우자.
② 실현 가능한(attainable) 계획을 세워라.
- 언제, 어디서, 무엇을, 어떻게 할 것인지가 나타나게 계획하자.
③ 측정 가능한(measurable) 계획을 세워라.
- 실천하는 정도를 점수나 숫자로 표시할 수 있는 계획을 세우자.
④ 즉시 시행할 수 있는(immediate) 계획을 세워라.
- 지금 당장 할 수 있고 자주 되풀이할 수 있는 것을 계획하자.
⑤ 자신의 힘으로 할 수 있는(controled by the planner) 계획을 세워라.
- 다른 사람이 하는 것이 아니라 정말로 자신이 할 수 있는 것을 계획하자.

■ **자투리 시간 활용 계획 세우기**(15분)

• 자투리 시간이란?

- 의미 없이 그냥 버리는 시간들을 말한다.

• 자투리 시간을 찾아보면?

- 아침 식사 전

- 버스 타고 등교하는 시간

- 등교한 후 일과 시작 전 시간
- 점심 식사 후
- 버스 타고 학원 가는 시간
- 버스 타고 집에 오는 시간
- 잠자기 전 시간

- 자투리 시간에 하는 일들을 발표한다. 참여자들은 발표 내용을 듣고 바람직한 자투리 시간 활용 방안을 피드백해 준다.
- 평소에 하고 싶었지만 시간이 없어서 못 한 일들은?
  - 마음껏 책 읽기, 퍼즐 맞추기, 장난감 조립 등
- 내가 하고 싶었던 일 중에서 자투리 시간에 할 수 있는 일은?
- '활동지 2'를 활용하여 자투리 시간 활용 계획을 세운다.
- 자투리 시간 활용 계획을 발표하고 피드백을 주고받는다.

다. 정리활동(5분)

■ 오늘의 활동 내용 정리

- 자신의 시간 활용 문제점을 어떻게 개선하기로 했는지 정리한다.
- 내가 세운 자투리 시간 활용 계획의 내용은 무엇인지 정리한다.
- 자투리 시간을 계획대로 활용하기 위한 다짐의 시간을 갖는다.
- 오늘 새로 배운 것이 무엇인지 발표한다.
- 오늘의 활동 소감을 발표한다.

■ 스스로 실천할 일

- 자기가 스스로 실천할 일을 찾아 선택한다(예: 자투리 시간 활용 계획대로 실천하기 등).

■ 다음 모임 예고

- '일상생활 계획표' 만들기

나는 시간을 잘 활용하고 있는가?

활동지 1.   성명 ________________

✎ '나의 시간 활용 실태 조사표'를 바탕으로, 다음 물음의 해당란에 ∨표
하세요.

물 음	그렇다	대체로 그렇다	그렇지 않다
1. 나는 내가 생각하는 만큼 충분히 공부했다.			
2. 이것저것 하느라고 시간만 낭비했다.			
3. 한꺼번에 너무 많은 것을 하려고 했다.			
4. 공부를 바로 시작하지는 못했다.			
5. 해야 할 공부를 뒤로 미루었다.			
6. 중요하지 않은 일에 시간을 많이 보냈다.			

✎ 내가 개선해야 할 점은 무엇인가요? 어떻게 개선할 것인지도 써봅시다
(늘려야 할 시간, 줄여야 할 시간, 고쳐야 할 습관 등).

개선할 점은 무엇인가요?	어떻게 개선할까요?

자투리 시간 이렇게 활용해요

활동지 2.　　　　　　　　　　성명 ________________

현민이는 자투리 시간 활용 계획을 다음과 같이 세웠어요. 현민이의 계획을 참고하여 나의 자투리 시간 활용 계획을 세워 보세요.

<보기> 현민이의 자투리 시간 활용 계획

순	구 분	시 간	시량(분)	하고 싶은 일
1	아침 식사 전	07:00~07:30	30	아침운동(줄넘기)
2	버스 타고 등교하는 시간	08:00~08:30	30	책 읽기
3	등교한 후 일과 시작 전	08:30~08:50	20	예습하기
4	점심 식사 후	13:00~13:20	20	스포츠클럽 참가
5	버스 타고 학원 가는 시간	15:00~15:30	30	복습하기
6	버스 타고 집에 오는 시간	17:00~17:30	30	책 읽기
7	잠자기 전	21:30~22:00	30	일기 쓰기
합계			3시간 10분	

나의 자투리 시간 활용 계획

순	구 분	시 간	시량(분)	하고 싶은 일
1				
2				
3				
4				
5				
6				
7				
8				
9				

📖 7회기 | 일상생활 계획표 만들기

1. 영역

행동조절(3/6)

2. 목표

가. 자신이 실천할 일상생활 계획표를 만들 수 있다.

나. 자신이 만든 생활계획표를 기준에 따라 평가할 수 있다.

3. 준비물

나의 시간 활용 실태 조사서(5회기 가정학습지), 교과 시간표, 형광펜, 활동지 1(이렇게 작성해 봐요), 활동지 2(나의 일상생활 계획표 만들기)

4. 활동 전개(50분)

가. 도입활동(5분)

■ 전시학습 상기 및 1일 행동지침 실천 확인하기

• 나의 한 학기 목표와 1일 행동 지침은?

• 지난 한 주 동안 1일 행동지침을 어떻게 실천하였는가?

• 나의 시간 활용 실태를 회상한다.

• 나의 시간 활용 문제점은 무엇이고 어떻게 개선하겠다고 했는가?

• 계획한 대로 자투리 시간을 잘 활용하고 있는가?

- 이러한 활동 내용들을 한데 모아 계획을 세울 수는 없을까? (일상생활 계획표에 반영하여 계획 세우면 가능)

■ **오늘의 활동 목표 알아보기**

- 자신이 실천할 일상생활 계획표를 만들 수 있다.
- 자신이 만든 생활계획표를 기준에 따라 평가할 수 있다.

나. 중심활동(40분)

■ **나의 생활계획표 만들기(30분)**

- 나의 시간 활용 실태 조사서(5회기 가정학습지)를 보고 월요일에 한 일을 발표한다.
  - 발표가 끝나면, 실태 조사서에 나타난 월요일 시간표에 1일 행동 지침과 자투리 시간계획을 어떻게 반영할 것인지 모색한다.
- 교사의 안내로 '활동지 1'의 내용에 따라 월요일 분(分)을 '활동지 2'에 작성한다.

* 유의사항
- 이전 활동인 1일 행동 지침과 자투리 시간 운영계획이 반영되도록 한다.
- 일상생활 계획표 기록은 연필로 하여 다음 회기의 수정이 용이하도록 한다.

- 월요일의 고정시간을 기록한다. 고정시간은 수업시간과 같이 자신이 마음대로 바꿀 수 없는 시간을 말한다.
  - 수업 시간표를 보고 해당되는 시간에 과목을 써 넣는다.
  - 특기적성 시간이 있으면 해당 시간에 부서 이름을 기록한다.
  - 과외학습 시간이 있으면, 그 시간의 과목명을 써 넣는다.
  - 학원 시간이 있으면 기록한다.
  - 그 밖에 마음대로 바꿀 수 없는 시간들도 표시한다.

* 다음 사항이 기록되어 있는지 '예, 아니오, 해당 없음'으로 나누어 점검한다.
① 학교 수업시간의 과목명   ② 특기적성 시간
③ 과외학습 시간   ④ 학원 시간
⑤ 그 밖의 고정시간

• 월요일의 생활시간을 기록한다. 생활시간은 잠자는 시간과 같이 일상생활을 해 나가는 데 꼭 필요한 시간을 말한다.
  - 잠자는 시간을 정해서 '꿈나라'로 표시한다.
  - 양치질하고 세수하는 시간을 '세수'라고 표시한다.
  - 식사시간을 '식사'로 표시한다.
  - 이동하는데 필요한 시간을 '이동'으로 표시한다.
  - 그 밖에 생활하는 데 꼭 필요한 시간이 있으면 기록한다.
  - 충분하지만 지나치지 않게 표시한다.

* 다음 사항이 기록되어 있는지 '예, 아니오, 해당 없음'으로 나누어 점검한다.
① 잠자는 시간   ② 세수하는 시간   ③ 식사시간
④ 이동시간   ⑤ 그 밖의 생활시간

• 월요일의 자유시간을 기록한다. 자유시간은 휴식시간과 같이 마음의 안정과 여유를 주는 시간을 말한다.
  - 꼭 봐야 되는 TV 프로그램이 있으면, 시간을 정하여 'TV'라고 써 넣는다.
  - 자유시간에 컴퓨터를 이용하면, 반드시 시간을 정하여 '컴퓨터'라고 쓴다.
  - 규칙적으로 하는 운동시간에는 '운동'이라고 쓴다.
  - 가족 간의 대화 시간이 있으면, '대화'라고 적어 넣는다.
  - 취미생활을 하는 시간도 '취미'라고 적어 넣는다.
  - 그 밖에 자유시간에 하는 활동이 있으면 써 넣는다.

– 대개 자유시간은 하루 중에서 주의집중이 잘 되지 않는 시간을 활용
  하는 것이 좋다.

* 다음 사항이 기록되어 있는지 '예, 아니오, 해당 없음'으로 나누어 점검한다.
① TV 시청　　　　　② 컴퓨터　　　　　③ 운동
④ 가족 간의 대화　　⑤ 취미　　　　　　⑥ 그 밖의 자유시간

• 월요일의 학습시간 계획을 기록한다. 학습시간은 학교 수업이나 학원 공부
  이외에 혼자서 공부하는 시간으로 예습, 복습, 숙제를 하는 데 소요되는 시
  간을 말한다.
  – 고정시간, 생활시간, 자유시간에 해당되지 않은 시간을 형광펜으로 밑줄
    을 긋는다.
  – 학습할 과목을 정한다.
  – 어려운 과목은 1시간, 쉬운 과목은 30분 정도의 예습, 복습 시간을 정한다.
  – 형광펜으로 밑줄 그은 곳에 공부할 과목을 기록해 간다.
  – 대개 50분 공부한 후에는 10분 정도의 휴식을 취한다.
  – 학교에서의 아침자습 시간이나 공부에 활용할 수 있는 시간이 있으면,
    과목을 정해서 적어 넣는다.
  – 매일 숙제하는 시간도 정해 둔다.
  – 자기 스스로 학습하는 것이 있으면 시간을 정하여 기록한다.
  – 학습 시간의 합계를 일상 생활계획표 하단의 (　　　) 안에 써 넣는다.

* 다음 사항이 기록되어 있는지 '예, 아니오, 해당 없음'으로 나누어 점검한다.
① 복습시간　　　　　　② 예습시간　　　　　③ 숙제시간
④ 학교의 아침자습시간　⑤ 자기 학습시간
⑥ 어려운 과목과 쉬운 과목을 구분하여 시간배당
⑦ 그 밖에 필요한 시간

- 월요일의 생활계획 작성요령과 같이 화, 수, 목, 금, 토, 일요일 계획을 참여자 스스로 '활동지 1'을 읽어 가면서 '활동지 2'에 작성해 나간다. 지도자는 순회하면서 참여자들을 돕는다.
- 일찍 끝나는 순서대로 1:1 면담을 통해 잘못된 부분을 수정해 나간다.

* 유의사항
- 계획 세우기를 어려워하거나 장시간의 1:1 상담이 필요한 학생은 별도의 시간을 확보하여 지도한다.

■ **작성한 계획표 확인 및 점검**(10분)
- 자신의 일상생활 계획표를 발표하면서 구성원들로부터 피드백받는다.
  - 소집단을 구성하여 자신의 계획서를 발표한다.
  - 희망자는 전체 구성원들 앞에서 발표한다.
  - 좋은 점과 적절하지 못한 시간에 대하여 피드백을 주고받는다.
- 1일 행동 지침이 일상생활 계획표에 반영되었는지 확인한다.
- 자투리 시간 활용계획이 잘 반영되었는지 확인한다.
- 다음 사항을 참여자 스스로 점검하게 한다.
  - 누구도 아니고 바로 내가 할 수 있는 행동을 계획하였는가?
  - 지금 당장 할 수 있는 계획인가?
  - 실현 가능한 계획인가?
  - 이 계획을 정말로 실천하겠다고 약속할 수 있는가? (약속하는 의미에서 악수하기)

다. 정리활동(5분)

■ **오늘의 활동 내용 정리**
- 자신의 '일상생활 계획표'를 확인하게 한다.
- '일상생활 계획표' 준수를 위한 다짐의 시간을 갖는다.
- 오늘 새로 배운 것이 무엇인지 발표한다.

- 오늘의 활동 소감을 발표한다.

■ <u>스스로 실천할 일</u>

- '일상생활 계획표'를 실천하고, 고쳐야 할 부분이 있는지 찾아오는 방법을 모색한다.
  - 1주일 동안 일상생활 계획표를 실천한다.
  - 계획대로 실천한 것은 ○표, 실천해도 무리가 있었던 것은 △표, 실천하지 못했던 것은 ×표 한다.
  - 빠뜨린 내용이나 활동이 있으면, 붉은색으로 추가해서 일상생활 계획표 속에 써 넣는다.

■ **다음 모임 예고**

- '일상생활 계획표' 실천 결과 분석 및 수정

활동지 1.   성명 ______________________

🖍 **다음 안내에 따라 일상생활 계획표를 작성해 보세요.**

1. 월요일의 고정시간을 기록한다. 고정시간은 수업시간과 같이 자신이 마음대로 바꿀 수 없는 시간을 말한다.
   ① 수업 시간표를 보고 해당되는 시간에 과목을 써 넣는다.
   ② 특기적성 시간이 있으면 해당 시간에 부서 이름을 기록한다.
   ③ 과외학습 시간이 있으면, 그 시간의 과목명을 써 넣는다.
   ④ 학원 시간이 있으면 기록한다.
   ⑤ 그 밖에 마음대로 바꿀 수 없는 시간들도 표시한다.

물 음	예	아니오	해당 없음
1. 수업시간과 과목명이 기록되어 있는가?			
2. 특기적성 시간이 기록되어 있는가?			
3. 과외학습 시간이 기록되어 있는가?			
4. 학원시간이 기록되어 있는가?			
5. 그 밖의 고정시간이 기록되어 있는가?( )			

2. 월요일의 생활시간을 기록한다. 생활시간은 잠자는 시간과 같이 일상생활을 해 나가는 데 꼭 필요한 시간을 말한다.
   ① 잠자는 시간을 정해서 '꿈나라'로 표시한다.
   ② 양치질하고 세수하는 시간을 '세수'라고 표시한다.
   ③ 식사시간을 '식사'로 표시한다.

④ 이동하는 데 필요한 시간을 '이동'으로 표시한다.

⑤ 그 밖에 생활하는 데 꼭 필요한 시간이 있으면 기록한다.

⑥ 충분하지만 지나치지 않게 표시한다.

물 음	예	아니오	해당 없음
1. 잠자는 시간이 기록되어 있는가?			
2. 세수하는 시간이 기록되어 있는가?			
3. 식사시간이 기록되어 있는가?			
4. 이동하는 시간이 기록되어 있는가?			
5. 그 밖의 생활시간이 기록되어 있는가?( )			

3. 월요일의 자유시간을 기록한다. 자유시간은 휴식시간과 같이 마음의 안정과 여유를 주는 시간을 말한다.

　① 꼭 봐야 되는 TV 프로그램이 있으면, 시간을 정하여 'TV'라고 써 넣는다.

　② 자유시간에 컴퓨터를 이용하면, 반드시 시간을 정하여 '컴퓨터'라고 쓴다.

　③ 규칙적으로 하는 운동시간에는 '운동'이라고 쓴다.

　④ 가족 간의 대화 시간이 있으면, '대화'라고 적어 넣는다.

　⑤ 취미생활을 하는 시간도 '취미'라고 적어 넣는다.

　⑥ 그 밖에 자유시간에 하는 활동이 있으면 써 넣는다.

　⑦ 대개 자유시간은 하루 중에서 주의집중이 잘 되지 않는 시간을 활용하는 것이 좋다.

물 음	예	아니오	해당 없음
1. TV 시청시간이 기록되어 있는가?			
2. 컴퓨터 시간이 기록되어 있는가?			
3. 운동시간이 기록되어 있는가?			
4. 가족 간의 대화시간이 기록되어 있는가?			
5. 취미활동 시간이 기록되어 있는가?			
6. 그 밖의 자유시간이 기록되어 있는가?( )			

4. 월요일의 학습시간 계획을 기록한다. 학습시간은 학교 수업이나 학원 공부 이외에 혼자서 공부하는 시간으로 예습, 복습, 숙제를 하는데 소요되는 시간을 말한다.

① 고정시간, 생활시간, 자유시간에 해당되지 않은 시간을 형광펜으로 밑줄을 긋는다.

② 학습할 과목을 정한다.

③ 어려운 과목은 1시간, 쉬운 과목은 30분 정도의 예습, 복습 시간을 정한다.

④ 형광펜으로 밑줄 그은 곳에 공부할 과목을 기록해 간다.

⑤ 대개 50분 공부한 후에는 10분 정도의 휴식을 취한다.

⑥ 학교에서의 아침자습 시간이나 공부에 활용할 수 있는 시간이 있으면, 과목을 정해서 적어 넣는다.

⑦ 매일 숙제하는 시간도 정해 둔다.

⑧ 자기 스스로 학습하는 것이 있으면 시간을 정하여 기록한다.

⑨ 학습 시간의 합계를 일상 생활계획표 하단의 (   ) 안에 써 넣는다.

물 음	예	아니오	해당 없음
1. 복습시간이 기록되어 있는가?			
2. 예습시간이 기록되어 있는가?			
3. 숙제시간이 기록되어 있는가?			
4. 아침자습 시간에 공부할 과목을 배당하였는가?			
5. 자기 학습시간이 배당되어 있는가?			
6. 어려운 과목과 쉬운 과목을 구분하여 시간을 배당하였는가?			
7. 그 밖의 학습시간이 기록되어 있는가?( )			

나의 일상생활 계획표 만들기

활동지 2.   성명 ______________________

나의 일상생활 계획표를 만들어 보세요.

시간	월 (/)	화 (/)	수 (/)	목 (/)	금 (/)	토 (/)	놀토 (/)	일 (/)
6:00~7:00								
7:00~8:00								
8:00~9:00								
9:00~10:00 (1교시)								
10:00~11:00 (2교시)								
11:00~12:00 (3교시)								
12:00~1:00 (4교시)								
1:00~2:00 (5교시)								
2:00~3:00 (6교시)								
3:00~4:00								
4:00~5:00								
5:00~6:00								
6:00~7:00								
7:00~8:00								
8:00~9:00								
9:00~10:00								
10:00~11:00								
11:00~12:00								
12:00~1:00								
학습시간 계								

📖 8회기 | 일상생활 계획표 수정 및 보완

1. 영역

행동조절(4/6)

2. 목표

가. 자신의 일상생활 계획표를 보고 수정할 부분을 찾을 수 있다.

나. 자신이 실천할 일상생활 계획표를 수정하여 확정할 수 있다.

3. 준비물

A₄ 용지, 활동지 1(확정된 나의 일상생활 계획표), 활동지 2(생활계획 실천 계약서)

4. 활동 전개(50분)

가. 도입활동(5분)

■ 거울 동작

- 나의 동작을 보고, 정확히 따라서 움직일 짝을 정한다.
- 두 사람이 마주 본 다음, 한 사람이 하는 동작을 거울 속의 모습이 하는 것처럼 짝이 따라 한다.
- 내 동작을 보고 짝이 따라 할 수 있게 천천해 움직인다.
- 역할을 1분 간격으로 서로 바꾸어서 해 본다.

- 다른 친구와도 짝이 되어 거울에 비치는 동작과 똑같이 따라 움직여 본다.
- 어려운 점을 발표한다.

  - 다른 사람을 따라 하기 때문에 예측이 불가능하고 어렵다.
- 우리의 생활에서도 계획을 수립하여 실천하지 않으면 예측하기가 어렵다. 이러한 생활이 계속되면 어떻게 될까?(문답을 통하여 생활계획서 작성의 필요성을 느끼게 한다.)

■ **전시학습 상기 및 1일 행동지침 실천 확인**
- 전 회기에 일상생활 계획표를 작성하였음을 상기시킨다.
- 학생들이 지난 한 주 동안 1일 행동지침을 어떻게 실천하였는지 발표한다.
- 스스로 계획하여 실천한 일이 있으면 발표한다.

■ **오늘의 활동 목표 알아보기**

- 자신의 일상생활 계획표를 보고, 수정할 부분을 찾아낼 수 있다.
- 일상생활 계획표를 수정하여 확정할 수 있다.

나. 중심활동(40분)

■ **나의 일상생활 계획표 실천 정도 알아보기(10분)**
- 지난 1주일간 실천하였던 일상생활 계획표를 준비한다.
- 지난주 중 기억에 남는 하루를 선택하여 일어나서부터 잠자리에 들기까지의 일들을 구체적으로 발표한다. 발표 후에 다음 관점에서 점검한다.

  - 계획대로 실천한 것은 무엇인가?

  - 실천해도 무리가 있었던 것은 무엇이며, 어떻게 수정할 것인가?

  - 실천하지 못했던 것은 무엇이며, 어떻게 수정할 것인가?
- A_4 용지를 나누어 주고 4등분으로 접게 한 다음, 1주일간의 실천 내용을 토대로 다음 사항을 점검하여 한 면에 한 가지씩 답을 쓰게 한다.

  - 계획대로 실천한 것은 무엇인가?

  - 실천해도 무리가 있었던 것은 무엇이며, 어떻게 수정할 것인가?

– 실천하지 못했던 것은 무엇이며, 어떻게 수정할 것인가?

– 이전 계획에서 빠뜨린 내용은 무엇인가?

• 계획대로 실천하다가 생긴 특별한 사항이 있으면 발표한다.

■ **자신이 실천할 수 있는 생활계획표로 변경하기(20분)**

• 지난 회기의 일상생활 계획표를 지우개로 지우고 수정하도록 한다. '활동지 1'은 지난 회기의 일상생활 계획표를 활용할 수 없는 경우에만 사용한다.

> * 유의사항
> – 초등학생 수준에서는 옮겨 적기에 시간이 많이 걸리므로 지난 회기에 연필로 작성했던 일상생활 계획표의 수정할 부분을 지우개로 지우고 다시 기록하는 것이 좋다.

• 계획대로 실천했던 것, 실천하면서 무리가 있었던 것, 실천하지 못했던 것, 추가할 것을 확인하면서 일상생활 계획표를 변경한다.

– 고정시간은 제대로 되어 있는지 확인한다.

– 생활시간은 적합한지 확인한 후, 수정하여 다시 계획을 세워 적는다.

– 자유시간은 적합한지 확인해 보고, 수정하여 다시 기록해 넣는다.

– 학습시간도 계획이 적절하게 되었는지 확인해 보고, 실천이 어려운 부분을 고쳐서 기록해 넣는다. 학습시간은 너무 무리해서 배당하지 않도록 하되, 너무 적다고 생각될 때는 자유시간을 좀 줄여서 조정하도록 한다.

• 1일 행동 지침이 일상생활 계획표에 반영되었는지 확인한다.

• 실천하기 힘들었던 1일 행동지침은 수정하여 일상생활 계획표에 반영한다.

• 자투리 시간 활용 계획을 일상생활 계획표에 적는다(실천하기 어려웠던 자투리 시간 활용 계획은 수정한다).

• 일상생활 계획표 수정 작업이 끝나는 순서대로 개별 면담을 통해 피드백을 준다.

• 일상생활 계획서를 발표한다.

– 끝나는 순서대로 3~4명씩 소집단을 편성하여 발표하도록 한다.

- 희망자를 골라 전체 참여자 앞에서 발표하도록 한다.

■ **계획서 활용하기 안내 및 실천 약속하기(10분)**

- 일상생활 계획표를 쉽게 볼 수 있는 곳에 붙여 둔다.
- 작성된 일상생활 계획표를 여러 장 복사해 두고 실천 정도를 ○, ×로 표시한다.
- 한 달 정도 실천하고 난 후에 실천하기 힘들었던 부분을 다시 수정한다.
- 시험공부 기간이나 방학기간 중에는 상황에 맞게 새로운 계획표를 작성하여 활용할 수 있다.
- 일상생활 계획표의 실천 정도를 보고 1일 행동지침에 점수화한다.
- 다음 회기부터는 시작 무렵에 1일 행동지침과 일상생활 계획표의 실천 정도를 발표함을 예고한다.
- 다음 기준을 참고로 하여 자신에게 맞는 점수를 설정한다.

> * 주별 1일 행동지침의 자기 평가 기준 예시
> - 항목별 평균이 4점 이상이면 우수
> - 지난주보다 항목별 평균이 0.5점 이상 향상되면 우수 등

- 참여자가 1일 행동지침을 꾸준히 실천하여 본인과 지도자가 만족할 정도가 되면, 프로그램 종료 시 지도자와 협의하여 참여자가 원하는 것을 보상받을 수 있음을 예고한다.
- '활동지 2'를 확인한다.
- 계획에 대한 약속을 '활동지 2'에 쓸 수 있는가? (실천 계약서 쓰기)
- 일상생활 계획표를 정말로 실천하겠다고 내가 존경하는 사람의 서명을 받아 올 수 있는가? (다음 모임 때까지 계약서에 존경하는 분 서명 받아 오기)

> * 유의사항
> - 계약서를 쓸 때는 친구, 본 프로그램의 지도자, 책 속에 나오는 가상 인물 등은 제외하고 실존하는 어른 중에서 서명을 받아 오도록 한다.

다. 정리활동(7분)

- **오늘의 활동 내용 정리**

  - 수정된 자신의 일상생활 계획표를 확인한다.

  - 일상생활 계획표 준수를 위한 다짐의 시간을 갖는다.

  - 오늘 새로 배운 것이 무엇인지 발표한다.

  - 오늘의 활동 소감을 발표한다.

- **스스로 실천할 일**

  - 자기 스스로 실천할 일을 찾아본다(예: 일상생활 계획표대로 실천하고, 그 결과를 ○, ×로 표시해 오기, 일상생활 계획표를 보고 1일 행동지침에 점수 기록해 오기, 생활계획서 실천 계약서 써 오기 등).

- **다음 모임 예고**

  - 나의 학습 자원 관리

확정된 나의 일상생활 계획표

활동지 1.   성명 ________________

🖍 일상생활 계획표를 수정하여 완성해 보세요.

시간	월 (/)	화 (/)	수 (/)	목 (/)	금 (/)	토 (/)	놀토 (/)	일 (/)
6:00~7:00								
7:00~8:00								
8:00~9:00								
9:00~10:00 (1교시)								
10:00~11:00 (2교시)								
11:00~12:00 (3교시)								
12:00~1:00 (4교시)								
1;00~2:00 (5교시)								
2:00~3:00 (6교시)								
3:00~4:00								
4:00~5:00								
5:00~6:00								
6:00~7:00								
7:00~8:00								
8:00~9:00								
9:00~10:00								
10:00~11:00								
11:00~12:00								
12:00~1:00								
학습시간 계								

활동지 2.

____

____

____

____

____

____

____

____

____

시작 날짜:　　　년　　　월　　　일

마감 날짜:　　　년　　　월　　　일

학생의 서명 _______________________

존경하는 분의 서명 _______________________

📖 9회기 | 나의 학습 자원 관리

1. 영역

행동조절(5/6)

2. 목표

가. 자신의 학습 자원관리 실태를 점검할 수 있다.

나. 자신의 학습 자원관리에 대한 개선 계획을 세울 수 있다.

3. 준비물

A₄ 용지, 색연필, 요술봉 모형, 활동지 1(나는 학습 자원관리를 잘하고 있을까?), 활동지 2(이렇게 바꿀래요), 종이 도넛 조별 2개, 빨대(참여자 수만큼)

4. 활동 전개(50분)

가. 도입활동(5분)

■ 전시학습 상기 및 실천 정도 확인

- 전 회기에 일상생활 계획표를 수정·보완하였음을 상기한다.
- 지난 한 주 동안 일상생활 계획표와 1일 행동지침을 어떻게 실천하였는지 발표한다.
- 스스로 계획하여 실천한 일을 발표한다.

■ 오늘의 활동 목표 알아보기

• 자신의 학습 자원관리 실태를 점검하여 고쳐야 할 점들을 찾을 수 있다.
• 자신의 학습 자원관리에 대한 개선 계획을 세울 수 있다.

나. 중심활동(40분)

■ 친교 활동: 도넛 건네주기(10분)

• 도화지로 만든 도넛과 길이가 같은 빨대를 준비한다.
• 6명이 한 조가 되어 빨대를 입에 물고 옆 친구에게 종이 도넛을 전달해 주는 놀이를 한다.
  - 빨대를 각자 입에 물고 1m 간격으로 출발선에 나란히 선다. 이때 두 손은 뒷짐을 진다.
  - 맨 앞에 선 사람이 종이 도넛을 자신의 빨대에 끼운다.
  - 다음 학생이 종이 도넛을 빨대로 받아 그 다음 학생에게 넘겨주는 식으로 놀이를 이어 간다. 만약, 놀이 중에 종이 도넛을 땅에 떨어뜨리면, 처음부터 다시 시작해야 한다. 종이 도넛을 남김없이 가장 먼저 전달하는 조가 이긴 팀이 된다.
• 도넛 게임을 하면서 느낀 점을 발표한다.
• 게임을 통해서 옆 사람과 친해졌다고 느끼나?

■ 대인관계 갈등 상황 탐색(15분)

• 지금 나와 갈등 상황에 있는 사람은 누구인가? (지금 갈등 상황에 놓여 있지 않은 참여자들은 예전의 갈등 상황을 발표한다.)
• 어떻게 하다가 갈등이 시작되었나? (대부분의 경우 상대방은 원하지 않는데, 나처럼 하기를 바라거나 강요하다가 갈등이 시작된다. 그러므로 문답을 통해서 상대방을 인정하지 않고 통제하려 했음을 인식하게 한다.)
• 자신이 상대에게 한 행동은? (참여자 자신의 행동에 초점을 맞추도록 문답하면서 그가 한 행동을 객관적으로 바라볼 수 있게 한다.)
• 갈등을 겪고 있는 것이 나의 삶에 도움이 되나?

• 갈등을 겪고 있는 사람과 친해질 수 있는 방법은?
  - 예전에 갈등을 겪었으나 지금은 서로 잘 지내고 있는 사람은 자신의 갈등해결 사례를 발표한다. 참여자들은 발표 내용을 듣고 친해질 수 있었던 계기를 탐색한다(대부분의 경우 상대를 배려하고 통제하기를 포기한 경우에 친해지므로, 이를 인식하게 한다).
  - 지금 갈등을 겪고 있는 사람은 친해질 수 있는 방법을 발표한다.

> * 유의사항
> - 일부 참여자들은 갈등의 원인을 다른 사람의 탓으로 돌리거나 상대를 비난할 수 있다. 이러한 참여자들은 다른 사람이 아닌 바로 자기 자신이 할 수 있는 행동을 모색하도록 지도한다.

• 지도자는 요술봉을 흔들면서 다음과 같은 기적질문을 하여 참여자가 갈등해결 방안을 모색하도록 한다.

> 여러분에게 조금 이상에게 들릴 수 있는 질문을 하나 하겠어요(잠시 멈춤). 상상력을 조금만 동원하면 돼요. 그 이상한 질문은 바로 이거에요. 오늘 공부를 마치고 집에 가면 여러분은 아마도 어제처럼 일상적인 생활을 할 겁니다. 학원도 가고, 숙제도 하고, TV도 보고, 컴퓨터도 하고, 식사도 하겠지요. 그리고 밤에 잠자리에 들겠죠(손가락으로 '딱' 소리를 낸다). 그런데 한밤중에 기적이 일어난 것입니다. 이 세상에 방 하나에 화장실 하나와 부엌 하나가 있는 집 한 채만 놓아두고 모든 집이 사라진 거예요. 뿐만 아니라 나와 갈등이 있는 그 사람과 나만 놓아두고 세상 사람들도 모두 사라졌네요. 달랑 둘만 방 안에 놓아두고…….
> 이러한 일이 여러분에게 일어났다고 가정해 보세요. 여러분은 어떻게 하겠습니까?

  - 참여자들이 갈등을 겪고 있는 사람과 어떻게 생활해 나갈 것인지 발표한다.
  - 발표 내용을 들으면서 피드백을 주고받는다. 특히 참여자가 발표하는 갈등해결 방안에 유의한다.

■ **학습 자원관리 실태점검 및 개선계획(15분)**
• '활동지 1'을 확인한다.

- 학습 자원관리의 영역은?
  - 환경관리, 다른 사람 도움 받기, 도움 매체 활용
- 체크리스트를 읽고, 자신에게 해당되면 '예'에, 해당되지 않으면 '아니오'에 표시한다.
- '예'와 '아니오'에 답한 문항 수는 각각 몇 개인가?
- 특히 어떤 점을 개선해야 된다고 생각하는가?
- '활동지 2'를 확인한다.
- 개선이 필요한 학습 자원을 쓰고, 자기가 할 수 있는 일을 계획한다.
- 일찍 끝난 순서대로 1:1 면담을 통해 부족한 점을 보완한다.
- 환경관리 영역에서 개선할 내용에는?
  - 공부방 정리하기, TV나 음악 *끄기* 등
- 다른 사람 도움 받기 영역에서의 개선할 내용은?
  - 모르는 것 다른 사람에게 물어보기
  - 친구와 같이 공부하기 등
- 도움 매체 활용하기에서의 개선할 내용은?
  - 참고서나 문제집 활용
  - 인터넷 활용
  - 사전 활용
  - 학교 수업 중의 학습지 활용
  - 노트 필기 내용 활용 등
- '1일 행동 지침'에 반영할 내용은? (중요한 것은 '1일 행동지침'에 추가하여 적어 넣고, 꾸준히 실천하도록 한다.)

다. 정리활동(5분)

■ 오늘의 활동 내용 정리

- 내가 개선할 학습 자원은 무엇인가?
- 오늘 새로 배운 것이 무엇인지 발표한다.
- 오늘의 활동 소감을 발표한다.

- **스스로 실천할 일**
  - 자기 스스로 실천할 일을 찾아본다(예: 학습 자원관리 개선이 포함된 1일 행동지침 실천하기 등).
- **다음 모임 예고**
  - 행동의 선택

나는 학습 자원 관리를 잘 하고 있을까?

활동지 1.   성명 ________________

아래의 내용이 자신에게 해당되면 '예'에, 그렇지 않으면 '아니오'에 √ 표 하세요.

영 역	내 용	예	아니오
환경 관리	1. 집에서 공부할 때는 TV를 보거나 라디오를 듣지 않는다.		
	2. 나는 공부하기 전에 책상, 서랍, 방안 등 주위를 잘 정리 정돈한 후에 시작한다.		
	3. 주변이 시끄러우나 내 힘으로 어떻게 할 수 없을 경우에는 조용한 곳으로 가서 공부한다.		
	4. 내가 원하는 만큼 공부하면 내가 즐길 수 있는 일을 한다(예: 공차기, 그림 그리기 등).		
다른 사람 도움 구하기	5. 나는 공부하다가 모르는 부분이 생기면 다른 사람에게 물어본다.		
	6. 나는 시험에 나올 만한 것을 잘 아는 친구가 있으면 물어보거나 같이 공부한다.		
도움 매체 활용	7. 나는 공부하다가 어려운 부분이 생기면 참고서나 문제집, 사전 등을 찾아본다.		
	8. 나는 학습에 필요한 준비물을 잘 챙겨 놓고 공부를 시작한다.		
	9. 학습지는 파일에 과목별로 잘 구분하여 모아 둔다.		
	10. 나는 주변에 있는 도서관을 잘 활용한다.		

♧ '예'에 답한 문항이 몇 개인가요? ________________개

♧ '아니오'에 답한 문항은 몇 개인가요? ________________개

♧ 내가 특히 개선해야 할 점은? ________________________________

____

이렇게 바꿀래요

활동지 2.　　　　　　　　　　　　성명 ________________

✏ '활동지 1'의 자기 평가 결과를 바탕으로 학습 자원 관리를 위해 내가 할 수 있는 일들을 계획해 보세요. 꼭 고쳐야 한다고 생각되는 것은 '1일 행동지침 반영 여부'에 ○표 하세요.

영역 ＼ 구분	문제점	개선을 위해 내가 선택한 일	행동지침 반영 여부 (○, ✗)
환경개선			
다른 사람 도움 받기			
도움 매체 활용			

✏ '행동지침 반영 여부'에 ○표 한 것들을 '1일 행동지침'에 추가하여 기록하세요.

📖 10회기 행동의 선택

1. 영역

행동조절(6/6)

2. 목표

가. 전행동(Total behavior) 요소 중에서 활동하기가 가장 실행하기 쉽다는
것을 알 수 있다.

나. 바람직한 학습행동을 실천하려는 의지를 다질 수 있다.

3. 준비물

색연필, 필기구, 활동지 1(생각! 감정! 행동!)

4. 활동 전개(50분)

가. 도입활동(5분)

■ 전시 학습 상기

• 지난 시간에 학습자원 관리 실태를 알아보고 개선 계획을 수립했음을 상
기한다.

• 학습 자원 관리 측면에서의 개선할 점을 발표한다.
 − 학습 환경 관리 측면에서의 개선할 점은?
 − 다른 사람 도움 구하기 측면에서의 개선할 점은?

- 도움 매체 활동 측면에서의 개선할 점은?

• <u>스스로</u> 정하여 실천한 일에 대하여 발표한다.

■ **오늘의 활동 목표 알아보기**

> • 자신이 겪는 생각, 감정, 행동 중에서 어느 것이 통제하기 쉬운지 알 수 있다.
> • 바람직한 학습행동을 실천하려는 의지를 다질 수 있다.

나. **중심활동(40분)**

■ **전행동(Total behavior)에 대한 이해(15분)**

• '활동지 1'을 확인한다.

• 무엇을 나타낸 그림일까?

  - 자동차

• "이상한 자동차 같아요. 보통 자동차와 각 부분의 명칭이 다르죠? 색연
  필로 색깔을 칠해 가면서 이 이상한 자동차의 부품 명칭을 익혀 보세요."

  - 참여자들이 색칠하는 동안 지도자는 순회를 하면서 질문에 답한다.

> * 유의사항
> - 참여자가 초등학생들임을 감안하여 전행동(Total behavior)이라는 어려운 개념
>   을 직접 지도하기보다는 이 개념의 핵심요소를 경험할 수 있도록 지도한다.

• 각 부분의 명칭을 확인한다.

  - 오른쪽 앞바퀴: 활동하기(전륜구동 자동차로 가장 통제하기가 쉽다는 의미)

  - 왼쪽 앞바퀴: 생각하기(활동하기 다음으로 통제가 쉽다는 의미)

  - 오른쪽 뒷바퀴: 느끼기

  - 왼쪽 뒷바퀴: 신체반응(가장 통제하기 어렵다는 의미)

  - 엔진: 기본욕구(자기가 활동할 수 있는 에너지가 나온다는 의미)

  - 핸들: 바람(자기가 원하는 대로 행동 방향을 선택한다는 의미)

• 나 같으면, 이 이상한 자동차로 무엇을 설명할 수 있을까?

- 인간의 행동(학생들의 생각을 충분히 발표하도록 허용한다.)
- 다음 지시대로 따라 하고 자신이 하기 쉬운 순서대로 말한다.
  - "이마에 땀나게 해 보세요."
  - "우울해져 보세요."
  - "어제 저녁 식사 때 먹은 음식들을 떠올려 보세요."
  - "손뼉을 두 번 쳐 보세요."
- 자신이 통제하기 쉬운 순서대로 말하면?
  - 손뼉 치기, 어제 저녁 음식 떠올리기, 우울해지기, 이마에 땀내기
- 이것들은 4가지 전행동의 어디에 해당될까?
  - 손뼉 치기: 활동하기
  - 어제 저녁 음식 떠올리기: 생각하기
  - 우울해지기: 느끼기
  - 이마에 땀내기: 신체반응하기
- 지도자는 전행동의 네 가지 요인이 동시에 일어나는 상황의 예를 제시하고 참여자들도 스스로 찾아보게 한다.
  - 달리기를 한다(활동하기).
  - 땀이 난다(신체반응).
  - 기분이 좋다(느끼기)
  - 건강을 위해서 꾸준히 달려야겠다고 생각했다(생각하기).
- "자동자의 핸들을 돌려보면 앞바퀴들이 먼저 방향을 바꾸고 뒷바퀴들이 따라온다. 이 자동차를 그린 사람은 왜 '활동하기'와 '생각하기'를 앞바퀴에 그렸을까?"
  - 하기 쉽기 때문에
- "우리가 가장 하기 쉬운 것이 '활동하기'라는 것을 알았다. 공부를 잘하고 싶은 사람은 어떻게 하면 될까?"
  - 자기 자신이 '공부하기'를 시작하면 된다.
- 지금 당장 시작할 수 있는 공부가 무엇인지 발표한다.

■ 이런 경우에는?(10분)

영호는 초등학교 2학년까지는 수학 공부를 잘하였다. 숫자를 잘 알고 있었을 뿐
만 아니라 덧셈과 뺄셈도 잘했기 때문이다. 그러나 3학년 2학기가 되면서부터
수학이 어려워지기 시작하더니 4학년 때부터는 더욱 어려워져서 성적이 떨어지
기 시작하였다. 영호는 2학년 때와 똑같이 공부하는데도 성적이 오르지 않자 선
생님이 시험을 어렵게 내기 때문이라고 생각하였다. 그런 생각을 하면 할수록 공
부하기가 싫어졌다. 이제 영호는 수학 점수가 더 형편없어졌다. 그렇지만 영호는
정말 수학 공부를 잘하고 싶다.

- 영호의 행동은 수학 공부를 잘하고 싶은 바람을 이루는데 도움이 되었나요?
- 내가 영호라면 어떻게 행동할 것인지 발표한다.
- 영호처럼 다른 사람이나 환경 탓을 해 본 경험을 발표한다. 지도자는 추
  가적인 질문을 통하여 이러한 행동이 자신의 바람을 충족시키는 데 도움
  을 주지 못함을 인식하게 한다(예: 그렇게 한 것이 너의 바람을 성취하는
  데 도움이 되었니?).
- 자신이 할 수 있는 더 나은 행동은 무엇인지 발표한다.

■ **이렇게 할 거야!**(15분)

- 6칸 만화로 자신의 어려움과 그 극복 방안을 표현한다.
  - A4 용지를 나누어 주고 6칸이 되도록 접는다.
  - 종이 상단 왼쪽의 첫 번째 칸에 문제를 나타내는 그림을 그린다.
  - 둘째 칸에 문제가 사라지도록 가장 적절하게 도움을 줄 수 있는 영웅
    (배트맨, 로빈 후드)이나 기계 등의 그림을 그린다.
  - 세 번째 칸에 문제에게 줄 선물을 그린다. 지도자는 문제가 선물을 받
    으면 더 이상 참여자를 괴롭히지 않을 것이라고 말해 준다.
  - 네 번째 칸에는 문제가 선물을 받고 상황이 좋아진 그림을 그린다.
  - 다섯 번째 칸에는 좋아진 상황이 현실로 나타난 미래의 모습을 그린다.
  - 여섯 번째 칸에는 도움을 준 인물에게 보내는 간단한 감사의 글을 쓰
    고 사인한다.

- 6칸 만화를 발표한다.
  - 참여자들은 발표자가 어려움을 어떻게 극복해 가는지에 초점을 맞추어 피드백을 주고받는다.
- 어려움 극복을 위하여 지금부터 당장 할 수 있는 일은 무엇인가?

다. 정리활동(5분)

■ 오늘의 활동 내용 정리

- 오늘 어떤 학습행동을 하기로 마음먹었는지 발표한다.
- 오늘 새로 배운 것이 무엇인지 발표한다.
- 오늘의 활동 소감을 발표한다.

■ 스스로 실천할 일 정하기

- 자기 스스로 실천할 일을 찾아본다(마음먹은 학습행동 실천하기 등).

■ 다음 모임 예고

- 이상적인 학업성취 모습

활동지 1.   성명 ________________

다음 그림은 이상한 자동차를 나타낸 것입니다. 선생님 지시에 따라 활동을 진행하세요.

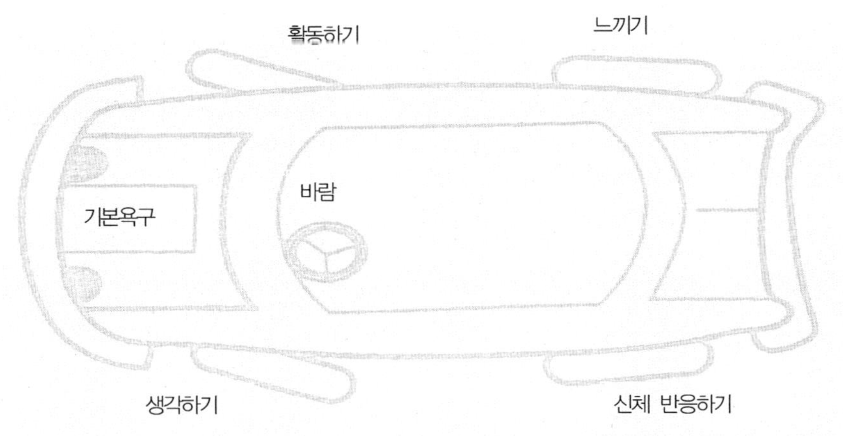

지시문	행동의 구성 요소	내가 하기 쉬운 순서
"이마에 땀나게 해 보세요."		
"우울해져 보세요."		
"어제 저녁 식사 때 먹은 음식을 떠올려 보세요."		
"손뼉을 쳐 보세요."		

📖 11회기 나의 가치! 공부의 가치!

1. 영역

동기조절(4/4)

2. 목표

가. 자신에게 여러 가지 능력이 있음을 알 수 있다.

나. 학교 공부의 가치를 인식할 수 있다.

3. 준비물

색연필, B4 용지, 활동지 1(더 나은 선택은?)

4. 활동 전개(60분)

가. 도입활동(7분)

- **전시 활동 상기 및 스스로 실천한 일 발표**
- 활동하기, 생각하기, 느끼기, 신체반응 중에서 가장 하기 쉬웠던 것은 무엇이었나?
- 내가 요즘 실행하고 있는 학습행동을 발표한다.
- 학생들이 지난 한 주 동안 일상생활 계획표와 1일 행동지침을 어떻게 실천하였는지 발표한다.
- 그동안 1일 행동지침을 어떻게 실천하였는지 살펴본다.

－ 자신이 설정한 평가기준에 도달하였는가?

* 주별 자기 평가 기준 예시
 － 항목별 평균이 4점 이상이면 우수
 － 지난주보다 항목별 평균이 0.5점 이상 향상되면 우수 등

－ 잘 실천한 항목은 무엇인가?

－ 잘 실천하지 못한 항목은 어떤 것인가?

－ 잘 실천하지 못한 항목을 어떻게 하면 개선할 수 있을까?

－ 잘 실천한 항목에 대한 자기 보상을 어떻게 하고 싶은가?

■ **오늘의 활동 목표 알아보기**

• 자신에게도 여러 가지 능력이 있음을 알 수 있다.
• 학교 공부의 가치를 알 수 있다.

나. 중심활동(38분)

■ **학업성취와 관련된 긍정 경험 발표하기(10분)**

• 즐겁게 공부했던 경험을 각자의 노트에 메모한다(예: 글자를 처음 깨우쳐
 갈 때, 숫자를 처음 알아 갈 때에 느꼈던 희열감 등).

• 즐겁게 공부했던 경험을 발표한다.

• 그때 어느 것들이 나를 특히 기쁘게 했나?

• 그때의 행복 정도를 0점에서 100점 사이의 점수로 표시한다면?

• 지금도 그렇게 즐겁게 공부하는 것들이 있는가?

• 그때처럼 행복해지려면 어떻게 해야 할까?

■ **능력의 손(15분)**

• 2인 1조로 모둠을 편성하여 앉는다.

• B4 용지의 좌측에는 왼손을, 우측에는 오른손을 얹어 놓고 손 주위를 따
 라 연필로 그린다.

- 이 활동은 종이 위에 그려진 각각의 손가락마다 자신이 잘하는 것을 찾아 쓰는 놀이임을 알려 준다.
- 참여자 자신이 어떤 손가락부터 시작할지를 결정한다.
- 짝은 참여자가 선택한 손가락을 잡고 악수하듯이 잠시 흔들고 다음과 같이 질문한다. "네 (엄지)손가락은 무엇을 잘하니?"
- 참여자는 축구나 줄넘기같이 어떤 활동을 잘한다고 말하고, 자기가 정한 손가락에다 그 활동을 쓴다.
- 짝은 참여자가 선택한 활동과 잘 맞는 색깔이 무엇인지를 질문한다.
- 참여자는 자신이 선택한 색깔로 잘하는 활동이 써진 손가락을 칠한다.
- 열 손가락 모두 같은 방식으로 한다.
- 짝도 이와 같은 방식으로 자신이 잘하는 것을 탐색한다.
- 자신이 그린 결과물을 보여 주면서 잘하는 것을 발표한다.
- 학생들에게 열 손가락을 마주 하여 지붕처럼 만들게 한다. 그리고 손가락 끝에 힘을 주게 하고는 부드럽고 잔잔한 목소리로 다음과 같이 말한다. "조그만 마술의 집과 그 능력을 가지고 가렴. 네가 강해져야 할 때마다 이렇게 손가락들을 함께 밀면서 그 힘을 느껴 보아라."(출처: 유재성, 장은진 공역, 2009, 아동과 청소년을 위한 해결중심 상담, 서울: 학지사, p.174.)

■ **학교 학습의 가치 토론(15분)**

- '활동지 1'을 확인한다.
- 지도자는 다음 이야기를 들려주고, 뒷이야기를 상상하여 쓰게 한다.

　　종오는 세상에서 돈이 가장 중요하다고 생각한다. 종오의 계산으로는 대학까지 나와서 직장에 다니는 것보다 중학교만 졸업하고 돈을 버는 게 더 나을 거라는 결과가 나왔다. 고등학교와 대학까지 다닐 동안 돈은 벌지 못하는데 납부금과 용돈이 들어가기 때문이다. 이러한 계산 결과에 따라, 종오는 중학교 졸업 후 5년간은 미성년자이기 때문에 중국 음식점에서 배달 일을 하고, 20살이 되는 6년째부터는 택시 운전을 하기로 마음먹고 중학교를 졸업하자마자 고등학교에 가지 않고 중국 음식점에 취직하였다.

　　동수는 종오와는 다른 선택을 하였다. 즉 동수는 대학까지 졸업하고 취직을 하기로 하였다. 대학까지 나오고 취직을 하면 종오처럼 택시 운전을 해서 버는 돈보다 월급을 더 많이 받을 수 있을 뿐만 아니라 과학자나 기술자, 방송인 등 훨씬 더 많은 직업선택의 가능성이 있기 때문이다. 그래서 고등학교에 진학하였다.

- 종오와 동수가 어른이 되기까지의 과정을 상상해 본다.
- 어른이 된 후에 두 사람은 어떻게 다를지 상상해 본다.
- 뒷이야기를 상상하여 쓴다.

- 상상하여 쓴 글을 발표한다.
- 더 나은 선택을 한 사람이 누구라고 생각하는지에 따라 종오 편과 동수 편으로 입장을 선택한다.
- 편을 갈라 같은 편끼리 사회자를 한 명 골라 토론을 위한 작전토의를 한다.
- 양편이 토론에 들어간다. 사회자가 먼저 발언하고 상대의 반박에 나머지 조원들이 발표할 수 있다.
- 입장이 바뀐 사람을 조사하여 편을 재조정한다.
- 다시 작전 토의를 거쳐 토론에 들어간다.
- 토론을 마친다. 마칠 때에는 일방적인 가치를 주입하여 결론을 맺을 것이 아니라 결론을 맺지 않은 상태로 토론을 마칠 수 있다. 단, 전원이 한 편의 입장을 선택한 경우에는 결론을 맺는다.

다. 정리활동(5분)

- **오늘의 활동 내용 정리**
  - 나의 능력에는 어떤 것들이 있는가?
  - 종오와 동수 중 나는 어느 입장인가?
  - 오늘 새로 배운 것이 무엇인지 발표한다.
  - 오늘의 활동 소감을 발표한다.
- **스스로 실천할 일**
  - 오늘 활동과 관련하여 스스로 실천해 보고 싶은 일이 있으면 정한다.
- **다음 모임 예고**
  - 읽기 학습 전략
  - 읽고 싶은 책 1권씩 가져오기

더 나은 선택은?

활동지 1.   성명 ____________________

✎ 다음 이야기를 읽고, 뒷이야기를 상상하여 써 보세요.

> 종오는 세상에서 돈이 가장 중요하다고 생각한다. 종오의 계산으로는 대학까지 나와서 직장에 다니는 것보다 중학교만 졸업하고 돈을 버는 게 나을 것이라는 결과가 나왔다. 고등학교와 대학까지 다닐 동안 돈은 벌지 못하는데 납부금과 용돈이 들어가기 때문이다. 이러한 계산 결과에 따라, 종오는 중학교 졸업 후 5년간은 미성년자이기 때문에 중국 음식점에서 배달 일을 하고, 20살이 되는 6년째부터는 택시 운전을 하기로 마음먹고 중학교를 졸업하자마자 고등학교에 가지 않고 중국 음식점에 취직하였다.
>
> 동수는 종오와는 다른 선택을 하였다. 즉 동수는 대학까지 졸업하고 취직을 하기로 하였다. 대학까지 나오고 취직을 하면 종오처럼 택시 운전을 해서 버는 돈보다 월급을 더 많이 받을 수 있을 뿐만 아니라 과학자나 기술자, 방송인 등 훨씬 더 많은 직업선택의 가능성이 있기 때문이다. 그래서 고등학교에 진학하였다.

✎ 누가 더 나은 선택을 하였다고 생각하나요? 근거를 들어 주장해 보세요.

📖 12회기 나의 읽기 습관은?

1. 영역

인지 · 초인지조절(읽기 학습1/5)

2. 목표

가. 자신의 음독 습관을 자기 평가할 수 있다.

나. 자신의 음독 습관을 묵독으로 교정할 수 있다.

3. 준비물

활동지 1(바른 읽기 습관이란?), 참여자가 선택한 도서 1권씩, 초시계, 계산기

4. 활동 전개(50분)

가. 도입활동(5분)

■ 전시학습 상기 및 실천 정도 확인

- 나의 능력에는 어떤 것들이 있었나?
- 지난 시간에 학습했던 종오와 동수의 선택 중에서 어느 쪽이 최선이었다고 생각하나?
- 지난주에 자기 스스로 계획하여 실천한 일이 있으면 발표한다.
- 참여자들이 지난 한 주 동안 일상생활 계획표와 1일 행동지침을 어떻게 실천하였는지 발표한다.

■ 오늘의 활동 목표 알아보기

• 자신의 음독 습관을 스스로 평가할 수 있다.
• 자신의 음독 습관을 묵독으로 고칠 수 있다.

나. 중심활동(40분)

■ 독서 속도 측정하기(15분)

• 초시계와 계산기를 준비한다.
• 지도자는 누가 책을 더 빨리 읽고, 내용을 정확하게 이해하는지 알아보는 게임이라는 것을 안내한다.
• 게임을 시작하기에 앞서 다음과 같은 주의사항을 안내한다.

* 주의사항
- 독서 속도 측정 결과가 잘 나오게 하기 위해서 무조건 빨리 읽는 데만 급급해서는 안 된다.
- 의미를 파악하며 정확하게 읽어야 한다.
- 다 읽고 나서 그 내용의 줄거리를 쓸 수 있어야 한다.

• '활동지 1'에 주어진 글을 읽은 후 독서 능력을 측정한다.

* 실시 방법
- '활동지 1'에 있는 글을 초시계로 시간을 재면서 읽는다.
- 다 읽고 난 다음 얼마나 시간이 걸렸는지 시간을 기록한다.
- 본문을 다시 읽지 않고, 그 내용을 7문장 정도로 요약한다.
- 글자 수 계산법에 따라 몇 글자를 읽었는지 기록한다.
  ① 읽은 시간을 초로 바꾼다.
  ② 본문의 글자 수를 읽은 시간(초)으로 나눈다.
  ③ 초당 글자 수에 60을 곱한다.

■ 음독 습관 자기 평가(10분)

• 소리를 내고 읽느냐, 내지 않고 읽느냐에 따라 음독과 묵독이 있음을 지도자가 안내한다.

> * 음독: 언어의 강세와 억양을 익히는 데에는 도움이 되지만 읽는 속도가 느리므로 주어진 내용을 읽는 데 시간이 많이 걸리는 것이 단점
> * 묵독: 언어의 강세나 억양을 공부하는 데는 곤란하나, 읽는 속도가 빠르므로 주어진 내용을 읽는 데 시간이 적게 걸리는 장점이 있음

• 지도자는 읽는 속도를 높이기 위한 묵독을 하려면, 먼저 음독하는 버릇이 있는지를 확인하여 고쳐야 함을 안내한다.

> ※ 소리를 내서 읽을 때 분당 400자 정도 읽는데, 묵독을 하는 경우에도 속도가 더 나아지지 않는 까닭은 속으로 따라 읽기 때문이다.

• '활동지 1'의 자료를 읽었을 때, 음독 버릇이 있었는지 확인한다.
  - 중얼거리거나 소리를 내는가?
  - 소리를 생각하면서 읽는가?
  - 입술을 움직이는가?
  - 한 자씩 읽는가?
  - 머리나 고개를 움직이는가?
• 자기의 점수를 보고 음독 정도를 스스로 평가한다.

> <기준>
> ○ '늘'에 √표 했으면 1점
> ○ '가끔'에 √표 했으면 2점
> ○ '전혀'에 √표 했으면 3점

- 점수가 11점 이상이면 평소에 묵독하고 있음을 의미하고, 10점 이하이
  면 음독하고 있음을 의미한다.

■ **음독 습관을 묵독으로 교정하기(15분)**

• 나의 음독 버릇은 무엇인가?

• 나에게 맞는 음독 버릇 교정 방법은 무엇인가?

• 자신에게 맞는 교정 방법을 선택하여 숙지한다.

음독 습관	교정 방법
1) 중얼거리거나 소리를 내면서 읽는다.	소리를 내지 않도록 입을 다물고, 혀를 윗니 이 뿌리 부근에 붙여서 혀가 움직이지 않도록 한다.
2) 소리를 생각하면서 읽는다.	소리를 생각하지 않도록 읽기 속도를 빠르게 한다.
3) 입술을 움직이며 읽는다.	입술 사이에 연필이나 볼펜을 끼우고 이것이 떨어지지 않도록 한다.
4) 한 글자씩 읽는다.	글자를 덩어리로 읽을 수 있도록 한다.
5) 머리나 고개를 움직이며 읽는다.	입술 사이에 종이를 끼우고 이것이 흔들리지 않도록 한다.

• 교정 방법을 자신이 선택한 도서에 적용하여 읽는다.

• 연습해 가면서 30초 동안 읽은 줄 수를 5회 이상 표시한다.

• 연습이 경과하면서 줄 수가 어떻게 변화하는지 확인한다.

다. **정리활동(5분)**

■ **오늘의 활동 내용 정리**

• 자신의 음독 습관은 무엇인가?

• 자신의 음독 습관을 묵독으로 교정할 수 있는 방법은?

• 오늘 새로 배운 것이 무엇인지 발표한다.

• 오늘의 활동 소감을 발표한다.

■ **스스로 실천할 일**

• 자기가 스스로 실천할 일을 찾아본다.

  – 묵독 방법을 적용하여 동화책 (   )쪽 읽기 등

■ **다음 모임 예고**

• 읽기 학습전략 1, 2단계 읽히기

바른 읽기 습관이란?

활동지 1.   성명 ________________

🖌 다음 글을 읽어 보세요. 다 읽으면 손을 드세요.

'퀴즈 영웅' 찜질방 아저씨

어린이 여러분, 새 학기를 맞은 지 벌써 한 달이 지나갔습니다. 학기 초에 계획한 대로 잘 생활하고 있습니까? 오늘은 퀴즈 왕이 된 이발소 아저씨의 이야기를 통해서 어떻게 공부하면 좋을지 생각해 보도록 하겠습니다.

충남 천안시의 한 찜질방 안에 있는 이발소에서 근무하는 아저씨가 2007년 12월 30일 녹화된 KBS 1TV '퀴즈 대한민국'에서 퀴즈 영웅에 올랐습니다. 상금은 무려 3,000만 원이나 됩니다. 어떻게 이 아저씨가 퀴즈 영웅에 올라 이 많은 상금을 받게 되었을까요?

이 아저씨는

"손님이 이발소에 왔을 때 제가 졸고 있으면 들어올 마음이 생기지 않을 것"

이라며

"손님이 없을 때 졸지 않으려고 신문과 책을 읽기 시작했다."

고 말하였습니다.

이렇게 마음먹은 이후에 아저씨는 매일 노트에 예상문제와 기출문제를 적으며 준비했다고 합니다. 2년 동안 준비한 노트만 해도 38권이나 됩니다. 마지막에 맞힌 문제도 노트에 있었습니다.

어린이 여러분, 공부하는 방법에는 여러 가지가 있습니다. 몇 시간씩 줄곧 앉아서 공부만 하는 방법이 있는가 하면 이 이발소 아저씨처럼 짬짬이 공부하는 방법도 있습니다. 우수한 성적을 낸 미국 유학생 한 사람도 집 안에 있을 때 거실에 책 한 권, 주방에 한 권, 화장실에 한 권, 침실에 한 권을 놓아 두고 그곳에 있게 될 때 짬짬이 책을 읽는다는 기사를 본 적이 있습니다.

문제는 '하고 싶어 하는 마음'입니다. '정말로 하고자 하는 마음'이 있으면, 길은 있습니다. 어린이 여러분! 나의 생활을 되돌아보고, 마음을 가다듬어 열심히 공부해 보지 않으시겠습니까?

읽은 글의 줄거리를 써 보세요.

____

____

____

____

____

____

____

____

읽는 데 걸린 시간을 측정해 봅시다.

본문 글자 수	811자	1분당 읽은 글자 수 계산법
읽은 시간	( )초	① 읽은 시간을 초로 바꾼다. ② 본문의 글자 수를 읽은 시간(초)으로 나눈다. ③ 초당 글자 수에 60을 곱한다.
1분당 읽은 글자 수	( )자	
기준	바라는 읽기 속도	• 한국어의 경우 한 번 시선을 던져 파악할 수 있는 글자 수는 4~5글자 • 우리 두뇌가 그 글자의 내용을 파악하고 이해하는 데 0.2~0.25초가 걸림 • 그러므로 정상적인 한국인이 한국어를 읽는 속도는 분당 960~1,500자 정도이어야 함
	실제 읽기 속도	• 우리나라 사람의 평균 글 읽는 속도는 1분에 400~600자 정도

🖌 나는 글을 어떻게 읽었는지 해당 문항의 밑줄 위에 ∨표 하세요.

	늘	가끔	전혀

나는 책을 읽을 때

1) 중얼거리거나 <u>소리를 내면서</u> 읽는다. ＿＿＿ ＿＿＿ ＿＿＿

2) <u>소리를 생각하면서</u> 읽는다. ＿＿＿ ＿＿＿ ＿＿＿

3) <u>입술을</u> 움직이며 읽는다. ＿＿＿ ＿＿＿ ＿＿＿

4) <u>한 글자씩</u> 읽는다. ＿＿＿ ＿＿＿ ＿＿＿

5) <u>머리나 고개를</u> 움직이며 읽는다. ＿＿＿ ＿＿＿ ＿＿＿

🖌 나의 음독 버릇은 어느 정도인지 알아봅시다.

<기준>
ㅇ '늘'에 ∨표 했으면 1점
ㅇ '가끔'에 ∨표 했으면 2점
ㅇ '전혀'에 ∨표 했으면 3점

1) 나의 점수는? (   )점

2) 점수가 11점 이상이면 평소에 묵독하고 있음을 의미하고, 10점 이하이면 음독하고 있음을 의미합니다. 나의 읽기 습관은 무엇인가요? (   )

🖌️ 나의 음독 버릇을 고쳐 봅시다. 다음 표의 왼쪽에는 음독 버릇이, 오른
쪽에는 그 교정 방법이 있습니다. 자신에게 해당되는 음독 버릇에 ∨표
하고 고치는 연습을 해 봅시다.

음독 습관	교정 방법
1) 중얼거리거나 소리를 내면서 읽는다.	소리를 내지 않도록 입을 다물고, 혀를 윗니 이 뿌리 부근에 붙여서 혀가 움직이지 않도록 한다.
2) 소리를 생각하면서 읽는다.	소리를 생각하지 않도록 읽기 속도를 빠르게 한다.
3) 입술을 움직이며 읽는다.	입술 사이에 연필이나 볼펜을 끼우고 이것이 떨어지지 않도록 한다.
4) 한 글자씩 읽는다.	글자를 덩어리로 읽을 수 있도록 한다.
5) 머리나 고개를 움직이며 읽는다.	입술 사이에 종이를 끼우고 이것이 흔들리지 않도록 한다.

🖌️ 30초 동안 글을 읽고 읽은 줄 수를 써서 비교해 보세요.

1) 책 이름:

2) 읽은 줄 수

(   )쪽 ________________ 줄

(   )쪽 ________________ 줄

(   )쪽 ________________ 줄

(   )쪽 ________________ 줄

(   )쪽 ________________ 줄

📖 13회기 읽기 학습전략 1, 2단계 익히기

1. 영역

인지 · 초인지조절(읽기 학습 2/5)

2. 목표

가. 읽기 학습전략 1단계인 '시각 바꾸기' 방법을 알고 실행할 수 있다.

나. 읽기 학습전략 2단계인 '훑어보기' 방법을 알고 실행할 수 있다.

3. 준비물

활동지 1(읽기 학습 전략을 익혀요), 별지(올바른 목표 세우기), 참여자별 도서 1권씩(동화책, 과학문고 등)

4. 활동 전개(50분)

가. 도입활동(5분)

- **기억에 남는 일이나 행복했던 경험 발표하기**
- 참여자가 최근에 겪은 일들 중에서 기억에 남는 일이나 행복했던 경험을 발표한다.
  - 참여자가 발표하는 내용 중에서 충족된 욕구와 충족되지 못한 욕구, 바람 등을 참여자 스스로 깨닫도록 지도한다.
- **전시학습 상기 및 실천 정도 확인**

- 참여자들이 지난 한 주 동안 일상생활 계획표와 1일 행동지침을 어떻게 실천
  하였는지 발표한다.
- 지난주에 자기 스스로 계획하여 실천한 일이 있으면 발표한다.
- 지난 회기에서 자신의 읽기 습관을 점검해 보았음을 회상한다.
  - 한 번 시선을 던져 파악할 수 있는 한국어의 글자 수는 4~5글자이므
    로 우리글을 읽는 속도는 분당 960~1,500자이어야 하나, 실제 우리나
    라 사람의 글 읽는 평균 속도는 1분에 400~600자임을 상기한다.
  - 나의 글 읽는 속도를 확인한다.

■ 오늘의 활동 목표 알아보기

> - 읽기 학습 전략 중 '시각 바꾸기' 방법을 알고 실행할 수 있다.
> - 읽기 학습 전략 중 '훑어보기' 방법을 알고 실행할 수 있다.

나. 중심활동(40분)

■ 자신이 바라는 국어 성적 및 국어 학습상황 자기 평가(10분)

- 읽은 책들 중에서 가장 기억에 남는 책은?
  - 기억에 남는 책의 줄거리를 여러 사람 앞에서 소개한다.
- 이 책의 어떤 점이 지금도 내용을 기억하게 할까?
- 평소에 책을 읽고 내용을 잘 기억하는가?
- 국어 교과서를 한 번만 읽고도 내용을 모두 기억한다면 어떤 일이 벌어
  질까?

> * 유의사항
> - 참여자들이 상상력을 충분히 발휘하여 발표에 참여함으로써 흥미를 갖게 한다.

- 내가 바라는 국어 성적은?
- 지금까지 국어 공부를 어떻게 해 왔는가?
- 그런 방법이 국어 성적을 향상시키는 데 도움이 되었나?

- 국어 성적 향상을 위한 새로운 학습전략은 없을까?

■ 1단계 '시각 바꾸기' 익히기(15분)

- '활동지 1'을 확인한다.

> * 유의사항
> 제시된 글 외에 교과서 글, 신문 기사나 사설, 어린이 잡지의 글, 과학문고의 글 등을 활용할 수 있다.

- 지도자는 읽기학습 전략의 과정을 안내한다.
  - ① 시각 바꾸기, ② 훑어보기, ③ 질문하기, ④ 답 찾으며 읽기, ⑤ 통합하기, ⑥ 글로 표현하기
- 1단계, 시각 바꾸기의 필요성과 방법을 안다.
  - 시각 바꾸기의 의미를 안다. 즉 시각 바꾸기란 책을 읽을 때 단순히 독자의 시각에서 읽는 것이 아니라 저자나 교사의 시각에서 읽는 것임을 안다.
  - 저자의 입장에서 책을 읽는 태도를 갖기 시작하면, 요모조모 따져 가며 책을 읽게 됨을 안다.
  - 글의 제목만 보고 다음과 같은 입장으로 바꾼다.
    "만약 내가 이 글의 저자라면 어떤 순서로 글을 쓸 것인가?"
    "만일 내가 이 책의 저자라면 독자들에게 어떤 내용을 전달할 것인가?"
    "만일 내가 선생님이라면 이 글에서 무엇을 가르쳐야 될까?"
    "만약 내가 선생님이라면 어떤 내용을 시험 문제로 출제할까?"

■ 2단계 '훑어보기' 익히기(15분)

- 2단계, 훑어보기 방법을 안다.

> ① 제목을 읽는다.
> ② 소제목을 읽는다.
> ③ 고딕체나 큰 글씨를 읽는다.
> ④ 그림이나 도표를 빠짐없이 읽는다.

- 위와 같은 순서로 '활동지 1'의 별지 '올바른 목표 세우기'를 훑어본다.
- 훑어보기 결과를 '활동지 1'에 정리한다.
- 정리한 것을 발표한다.
- 상호 피드백을 통해 부족한 점을 보완한다.

■ **도서를 1권씩 선택하여 적용해 보기**

- 도서 1권씩을 선택한다.
- 시각 바꾸기를 적용하고, 결과를 발표한다.
- 훑어보기를 적용하고, 결과를 발표한다.

> * 유의사항
> - 참여자들이 읽을 도서를 스스로 선정하되, 시각 바꾸기와 훑어보기 기법을 적용하기에 알맞은 도서를 선정하도록 지도한다.
> - 참여자들이 도서를 가져오지 않을 경우에 대비하여 지도자가 여분의 도서를 준비해 둔다.

다. 정리활동(5분)

■ **오늘의 활동 내용 정리**

- 시각 바꾸기 방법을 정리한다.
- 훑어보기 방법을 정리한다.
- 오늘 새로 배운 것이 무엇인지 발표한다.
- 오늘의 활동 소감을 발표한다.

■ **스스로 실천할 일**

- 자기가 스스로 실천할 일을 찾아본다.
    - 글을 몇 편 골라 오늘 배운 대로 읽어 보기 등

■ **다음 모임 예고**

- 읽기 학습전략 중 3단계와 4단계 익히기

읽기 학습 전략을 익혀요

활동지 1.   성명 _______________

✏️ 읽기 학습전략의 순서입니다. 앞으로 차례차례 공부해 갈 것입니다.

① 시각 바꾸기	⇨	② 훑어보기	⇨	③ 질문하기	⇨
④ 답 찾으며 읽기	⇨	⑤ 통합하기	⇨	⑥ 글로 표현하기	

✏️ **1단계, 시각 바꾸기를 어떻게 하나요?**

1. 시각 바꾸기의 의미와 필요성

> ○ 시각 바꾸기란 책을 읽을 때 단순히 독자의 시각에서 읽는 것이 아니라 저자 나 교사의 시각에서 읽는 것을 말한다.
> ○ 저자의 입장에서 책을 읽는 태도를 갖기 시작하면, 요모조모 따져 가며 책을 읽게 된다.

2. 글의 제목만 보고 다음과 같이 저자나 선생님의 입장으로 바꾸세요.

> "만약 내가 이 글의 저자라면 어떤 순서로 글을 쓸 것인가?"
> "만일 내가 이 책의 저자라면 독자들에게 어떤 내용을 전달할 것인가?"
> "만일 내가 선생님이라면 이 글에서 무엇을 가르쳐야 될까?"
> "만약 내가 선생님이라면 어떤 내용을 시험 문제로 출제할까?"

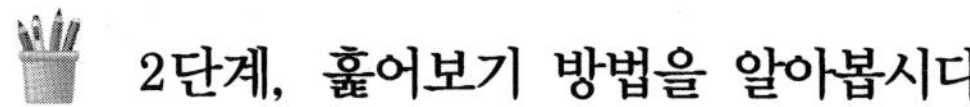 **2단계, 훑어보기 방법을 알아봅시다.**

> ① 제목을 읽는다.
> ② 소제목을 읽는다.
> ③ 고딕체나 큰 글씨를 읽는다.
> ④ 그림이나 도표를 빠짐없이 읽는다.

'올바른 목표 세우기'를 읽고 훑어보기 실습을 해 봅시다.

훑어보기 결과를 정리해 봅시다.

1. 글의 제목은 무엇입니까?

2. 소제목은 무엇입니까?

3. 큰 글씨는 무엇입니까?

4. 어떤 내용의 그림이 있나요?

올바른 목표 세우기

아메리카 인디언 이야기

아메리카 인디언의 전래 동화 중에 '목표'와 관련된 다음과 같은 이야기가 있습니다.

어느 날 추장이 자신의 삶이 얼마 남지 않았음을 깨닫고 다음 추장 자리를 어느 아들에게 물려주는 것이 좋을지 알아보기 위하여 세 아들을 데리고 사냥을 갔습니다. 한참 동안 숲과 언덕을 헤치고 다니다가 큰 나뭇가지에 독수리 한 마리가 앉아 있는 것이 보였습니다. 추장은 독수리를 사냥감으로 마음먹고 큰아들에게 물었습니다.

"첫째야, 저 앞에 무엇이 보이느냐?"

"하늘도 보이고 나무도 보입니다."

추장은 크게 실망하고 둘째 아들에게 물었습니다.

"둘째야, 저 앞에 무엇이 보이느냐?"

"나무가 보이고 나무에 앉아 있는 독수리가 보입니다."

그래도 추장은 기뻐하지 않았습니다.

셋째 아들에게 물었습니다.

"막내야, 저 앞에 무엇이 보이느냐?"

"독수리가 보이는데 두 날개가 있고, 그 날개가 마주치는 곳에 독수리의 가슴이 보입니다."

이 말을 들은 추장은 크게 기뻐하며 큰 소리로 외쳤습니다.

"그곳을 쏴라."

셋째 아들은 **목표물에 집중하여** 독수리의 가슴을 명중시켰고, 추장자리는 셋째 아들에게 돌아갔습니다. 셋째 아들처럼 자신의 목표를 바르게 세우고 집중하는 사람이 원하는 것을 성취할 수 있습니다.

숙달목표와 수행목표

목표에는 '**숙달목표**'와 '**수행목표**'가 있습니다. '**숙달목표**'를 가지고 있는 학생들은 자신이 투입한 노력의 양과 실제학습, 그리고 숙달수준을 고려하여 자신의 능력을 판단하기 때문에 새로운 능력을 발달시킬 수 있는 도전감 있는 과제를 좋아하며, 과제가 좀 어렵더라도 그것을 지속하려고 합니다. 반면에 '**수행목표**'를 가지고 있는 학생들은 다른 사람과 나를 비교하거나 다른 사람의 평가에 의존하기 때문에 남에게 유능하게 보이기를 원할 뿐만 아니라 무능하게 보이는 것을 피하려고 합니다.

어떤 목표가 더 올바른 목표일까요? 만약에 인디언 추장의 셋째 아들이 목표물을 맞히지 못할 것을 지나치게 걱정했거나 아버지와 형들의 눈치를 보면서 목표물에 집중하지 못하였더라면 독수리의 가슴에 화살을 명중시킬 수 있었을까요? 셋째 아들은 수행목표에 기초하지 않고 자신의 능력에 기초한 숙달목표를 지녔기 때문에 목표를 명중시키고 추장이 되었던 것입니다.

수행목표를 가지고 있는 학생들은 시험이 끝난 후 매우 불안해하거나 극단적인 행동을 취할 가능성이 높습니다. 우리 어린이들도 시험결과에 대한 다른 사람의 평가를 생각하기보다는 더 많은 자기 발전을 할 수 있는 숙달목표를 가지고 꾸준히 노력한다면 여러분이 원하는 것을 성취할 수 있을 것입니다.

1. 영역

인지 · 초인지조절(읽기 학습 3/5)

2. 목표

가. 읽기 학습전략 3단계인 '질문하기' 방법을 알고 실행할 수 있다.

나. 읽기 학습전략 4단계인 '질문에 대한 답 찾으며 읽기' 방법을 알고 실
행할 수 있다.

3. 준비물

A_4 용지, 활동지 1(질문하기와 답 찾으며 읽기), 13회기에 사용하였던 별지
(올바른 목표 세우기)

4. 활동 전개(50분)

가. 도입활동(5분)

■ 전시학습 상기 및 실천 정도 확인

• 지난 회기 공부한 읽기 학습전략 1단계 '시각 바꾸기' 방법을 발표한다.

• 읽기 학습전략 2단계 '훑어보기' 방법을 발표한다.

• 지난주에 자기 스스로 계획하여 실천한 일이 있으면 발표한다.

• 참여자들이 지난 한 주 동안 일상생활 계획표와 1일 행동지침을 어떻게

실천하였는지 발표한다.

■ 오늘의 활동 목표 알아보기

• 읽기 학습 전략 중 '질문하기' 방법을 알고 실행할 수 있다.
• 읽기 학습 전략 중 '질문에 대한 답 찾으며 읽기' 방법을 알고 실행할 수 있다.

나. 중심활동(40분)

■ 국어학습 성공 스토리 만들기(10분)

• 국어학습 성공 스토리를 6칸 만화로 나타낸다.

　- A₄ 용지를 6칸으로 접는다.

　- 첫째 칸에 현재의 국어학습 상황을 그린다.

　- 둘째 칸에 노력해야 할 일들을 그린다.

　- 셋째 칸에 자신의 노력을 방해하는 장애물을 그린다.

　- 넷째 칸에 장애물을 극복하는 장면을 그린다.

　- 다섯째 칸에 더 열심히 노력하는 장면을 그린다.

　- 여섯째 칸에 국어 성적을 잘 받은 그림을 그린다.

• 완성된 성공 스토리를 발표한다.

• 피드백을 주고받는다.

■ 3단계 질문하기 익히기(15분)

• 읽기 전에 어떤 질문을 하는 것이 그 글을 이해하는데 도움이 될까?

• 3단계, 질문하기 방법을 익힌다.

① 제목을 질문으로 바꾼다. → 어떤 목표를 세워야 할까?
② 소제목을 질문으로 바꾼다.
→ 목표와 관련된 아메리카 인디언 이야기에는 어떤 것이 있을까?
→ 숙달목표를 가지고 있는 학생들의 특징은 무엇인가?
→ 수행목표를 가지고 있는 학생들의 특징은 무엇인가?
③ 자신이 궁금하게 느끼는 내용을 질문으로 나타낸다. → 올바른 목표란?
④ '이 글의 주제는 무엇인가?'라고 묻는다.

■ 4단계 질문에 대한 답 찾으며 글 읽기(15분)

- 질문에 대한 답을 보다 쉽게 찾기 위해 읽으면서 할 수 있는 활동은?
- 4단계, 질문에 대한 답 찾으며 글 읽기 방법을 익힌다.

> - 밑줄 치기의 중요성 및 방법을 안다.
>   - 글쓴이가 중요하게 생각하는 것을 찾기 위해서 밑줄 치기를 한다.
>   - 밑줄 치기는 글을 단번에 읽고 정확하게 이해할 수 있는 방법이다.
>   - 문장 전체에 표시하려 하지 말고 중요한 단어나 구에만 표시한다.
> - 네모 치기의 중요성과 방법을 안다.
>   - 글을 읽다가 모르는 낱말이 나오면 네모 치기를 한다.
>   - 모르는 낱말 때문에 글 읽는 것을 멈추고 그 뜻을 찾기보다는 끝까지 읽으면서 그 낱말의 뜻을 추측한다.
>   - 다 읽고 난 다음 사전을 찾아 그 뜻을 정확하게 파악한다.

- 13회기에 사용하였던 별지 '올바른 목표 세우기'에 밑줄 치기와 네모 치기를 하며 읽는다.

> * 읽기 지도 시 유의사항
> ① 소리 내지 않고 읽어야 하며
> ② 한 글자씩 읽지 말고 의미 단위로 읽어야 하며
> ③ 머리는 움직이지 않고 눈동자만 움직여 읽으며
> ④ 모르는 단어들은 문맥을 통하여 이해하도록 지도한다.

- 밑줄 치기와 네모 치기 결과를 확인하고 부족한 부분을 보완한다.
- 밑줄 치기와 네모 치기 결과를 바탕으로 '활동지 1'의 질문에 답한다.
- 정리한 것을 발표한다.
- 상호 피드백을 통해 부족한 점을 보완한다.

* 13회기의 별지 '올바른 목표 세우기'의 '질문에 대한 답' 예시
① 제목을 질문으로 바꾼다.
→ 어떤 목표를 세워야 할까? (수행목표보다는 숙달목표를 세워야 한다.)
② 소제목을 질문으로 바꾼다.
→ 목표와 관련된 아메리카 인디언 이야기에는 어떤 것이 있을까?
(인디언 추장이 목표를 정확히 보는 셋째 아들에게 추장 직을 물려준다는 이야기)
→ 숙달목표를 가지고 있는 학생들의 특징은 무엇인가?
(숙달목표를 가지고 있는 학생들은 자신이 투입한 노력의 양과 실제학습, 그리고 숙달수준을 고려하여 자신의 능력을 판단하기 때문에 새로운 능력을 발달시킬 수 있는 도전감 있는 과제를 좋아하며, 과제가 좀 어렵더라도 그것을 지속하려고 한다.)
→ 수행목표를 가지고 있는 학생들의 특징은 무엇인가?
(반면에 수행목표를 가지고 있는 학생들은 다른 사람과 나를 비교하거나 다른 사람의 평가에 의존하기 때문에 남에게 유능하게 보이기를 원할 뿐만 아니라 무능하게 보이는 것을 피하려고 한다.)
③ 자신이 궁금하게 느끼는 내용을 질문으로 나타낸다.
→ 올바른 목표란?
수행목표를 가지고 있는 학생들은 다른 사람의 평가에 의존하기 때문에 시험이 끝난 후 매우 불안해하거나 극단적인 행동을 취할 가능성이 높다. 그러므로 시험결과에 대한 다른 사람의 평가를 생각하기보다는 더 많은 자기 발전을 할 수 있는 숙달목표가 더 올바른 목표라고 할 수 있다.
④ '이 글의 주제는 무엇인가?'라고 묻는다.
(목표를 세우되 수행목표보다는 숙달목표가 더 바람직하다.)

다. 정리활동(5분)

■ 오늘의 활동 내용 정리

- 질문하기 방법을 정리한다.
- 답 찾으며 읽기 방법을 정리한다.
- 오늘 새로 배운 것이 무엇인지 발표한다.
- 오늘의 활동 소감을 발표한다.

■ 스스로 실천할 일

- 자기가 스스로 실천할 일을 찾아본다(예: 글을 한 편 골라 시각 바꾸기,

훑어보기, 질문하기, 답 찾으며 읽기 등을 적용해 보기).

■ **다음 모임 예고**

• 효과적인 읽기 학습 전략 중 5, 6단계 익히기

질문하기와 답 찾으며 글 읽기

활동지 1.   성명 ________________

 **3단계, 질문하기 방법을 알아봅시다.**

> ① 제목을 질문으로 바꾼다.
> →
> ② 소제목을 질문으로 바꾼다.
> →
> →
> →
> ③ 자신이 궁금하게 느끼는 내용을 질문으로 나타낸다.
> →
> ④ '이 글의 주제는 무엇인가?'라고 묻는다.

 **4단계, 질문에 답 찾으며 글 읽기 방법을 익혀 봅시다.**

> • 밑줄 치기의 중요성 및 방법을 안다.
>   - 글쓴이가 중요하게 생각하는 것을 찾기 위해서 밑줄 치기를 한다.
>   - 밑줄 치기는 글을 단번에 읽고 정확하게 이해할 수 있는 방법이다.
>   - 문장 전체에 표시하려 하지 말고 중요한 단어나 구에만 표시한다.
> • 네모 치기의 중요성과 방법을 안다.
>   - 글을 읽다가 모르는 낱말이 나오면 네모 치기를 한다.
>   - 모르는 낱말 때문에 글 읽는 것을 멈추고 그 뜻을 찾기보다는 끝까지 읽으면서 그 낱말의 뜻을 추측한다.
>   - 다 읽고 난 다음 사전을 찾아 그 뜻을 정확하게 파악한다.

✎ '올바른 목표 세우기'를 읽고, 자신이 만든 질문에 답을 써 보세요.

1. 제목을 질문으로 바꾸고 답을 쓰시오.
   → (   )

2. 소제목을 질문으로 바꾸고 답을 쓰시오.
   ①

   ②

   ③

3. 자신이 궁금하게 느낀 내용을 질문으로 나타내고, 답을 쓰시오.
   → (   )

4. 이 글의 주제는 무엇입니까?

📖 15회기 읽기 학습전략 5, 6단계 익히기

1. 영역

인지 · 초인지조절(읽기 학습 4/5)

2. 목표

가. 읽은 결과를 통합하여 나타낼 수 있다.

나. 주요 내용을 글로 표현할 수 있다.

3. 준비물

활동지 1(통합하기와 글로 표현하기), 13회기에 사용하였던 별지(올바른 목
표 세우기), 실물 화상기, 참여자별 도서 1권씩(동화책, 과학문고 등)

4. 활동 전개(50분)

가. 도입활동(5분)

■ 전시학습 상기 및 실천 정도 확인

• 지난 회기에 학습한 '질문하기' 방법을 상기한다.

• 지난 회기에 학습한 '질문에 대한 답 찾으며 읽기' 방법을 상기한다.

• 지난주에 스스로 계획하여 실천한 일이 있으면 발표한다.

• 참여자들이 지난 한 주 동안 일상생활 계획표와 1일 행동지침을 어떻게
실천하였는지 발표한다.

■ **오늘의 활동 목표 알아보기**

• 읽은 결과를 통합하여 나타낼 수 있다.
• 주요 내용을 글로 표현할 수 있다.

나. 중심활동(40분)

■ **외부 통제와 내부 통제(10분)**

· 학력평가는 잘 보았는가?

· 자신이 만족할 만한 성적이 나온 과목은?

· 자신이 만족하지 못할 성적이 나온 과목은?

• 나의 성적이 나오지 않았을 때 다른 사람이나 환경 탓을 한 적이 있는가?

　– 부모님, 선생님, 가정환경, 친구들의 탓을 한 경험을 발표한다.

* 유의사항
– 학교 현장에서 학기 초에 본 프로그램을 진행하면, 이 시기에 중간고사의 결과가 나오게 된다. 이러한 상황을 적절히 활용하면 좋다.

• 다른 사람이나 환경 탓을 한다고 좋아지는 것이 있었나?

　– 문답을 통해서 탓만 해서는 좋아지는 것이 없다는 것을 인식하게 한다.

• 다른 사람이 나의 탓을 할 때 나는 어떤 생각을 하게 되나?

　– 각자의 생각을 발표한다.

• 나의 공부 방법을 개선할 수 있는 사람은 누구일까?

　– 문답을 통해서 자기 자신임을 깨닫게 하고, 읽기 학습전략을 마저 익힐 수 있도록 동기를 유발한다.

■ **5단계, 통합하기(15분)**

• 이전 회기들에서 활동하였던 시각 바꾸기와 훑어보기, 질문하기, 답 찾으며 읽기 방법과 결과를 확인한다.

• '활동지 1'을 확인한다.

- 통합하기 방법을 익힌다.
  - 통합하기란 4단계에서 작성한 질문에 대한 답을 중심으로 요점을 서로 관련짓고 분류하는 것임을 안다.
  - 제목, 주제, 주요 내용을 적당한 번호를 붙여서 관련짓고 연결한다.
  - 번호는 1, 1), (1), ① 순으로 붙인다.
- 통합하기 실습을 한다.
- 통합하기 결과를 발표한다.

■ **6단계, 글로 표현하기(15분)**

- 글로 표현하기 방법을 익힌다.
  - 가능하면 별지(올바른 목표 세우기)를 보지 않고 '통합하기'에서 정리한 내용을 머릿속에 그린다.
  - 한 문단이나 하나의 소제목을 단위로 머릿속에 떠올린다.
  - 별지(올바른 목표 세우기)를 보지 않고 하기가 힘들면, 그 곳만 찾아 읽는다.
  - 별지(올바른 목표 세우기)를 보지 않고 머릿속에 떠올릴 수 있을 때까지 반복한다.
  - 머릿속에 그려지는 내용을 글로 표현한다. 다음과 같은 질문을 사용하면 글쓰기가 더 쉬워진다.

* '글로 표현하기'의 질문
① 어떤 제목으로 쓸 것인가?
② 어떤 주제로 쓸 것인가?
③ 주요 내용은 무엇인가?

- 위의 방법에 따라 글로 표현한다.
- 먼저 끝나는 참여자는 자신이 준비한 도서의 글에도 적용하여 본다.
- 정리한 결과를 실물 화상기를 통해 발표한다.
- 발표 결과를 바탕으로 피드백을 주고받는다.

다. 정리활동(5분)

■ **오늘의 활동 내용 정리**

• 통합하기 방법을 정리한다.

• 글로 표현하기 방법을 정리한다.

• 오늘 새로 배운 것이 무엇인지 발표한다.

• 오늘의 활동 소감을 발표한다.

■ **스스로 실천할 일**

• 자기가 스스로 실천할 일을 찾아본다(예: 읽기 학습 전략의 단계와 방법을 완전하게 숙지해 오기 등).

■ **다음 모임 예고**

• 효과적인 읽기 학습 전략 적용하기

통합하기와 글로 표현하기

활동지 1.   성명 ________________

🖍 5단계, '통합하기' 방법을 알아봅시다.

> – 통합하기란 질문에 대한 답을 중심으로 요점을 서로 관련짓고 분류하는 것이다.
> – 제목, 주제, 주요 내용을 적당한 번호를 붙여서 관련짓고 연결한다.
> – 번호는 1, 1), (1), ① 순으로 붙인다.

🖍 '올바른 목표 세우기'를 위의 방법대로 '통합'하여 나타내 보세요.

　　6단계, '글로 표현하기' 방법을 알아봅시다.

- 가능한 한 책을 보지 않고 '통합하기'에서 정리한 내용을 머릿속에 그린다.
- 한 문단이나 하나의 소제목을 단위로 머릿속에 떠올린다.
- 책을 보지 않고 하기가 힘들면 힘든 곳만 읽는다.
- 책을 보지 않고 머릿속에 떠올릴 수 있을 때까지 반복한다.
- 머릿속에 그려지는 내용을 글로 표현한다. 다음과 같은 질문을 사용하면 글쓰기가 더 쉬워진다.
<'글로 표현하기'의 질문>
① 어떤 제목으로 쓸 것인가?
② 어떤 주제로 쓸 것인가?
③ 주요 내용은 무엇인가?

　　'올바른 목표 세우기'를 위의 방법대로 글로 표현해 보세요.

📖 16회기 읽기 학습 전략의 적용

1. 영역

인지 · 초인지조절(읽기 학습 5/5)

2. 목표

가. 의미 단위를 넓힐 수 있는 읽기 방법을 안다.

나. 글을 읽을 때 읽기 학습 전략을 적용할 수 있다.

3. 준비물

활동지 1(의미 단위로 글 읽기), 디딤돌 활동지(선플과 악플), 너른들 활동
지(장애인의 날에 대하여), 참여자별 과학문고 1권씩

4. 활동 전개(50분)

가. 도입활동(5분)

■ 전시학습 상기 및 실천 정도 확인

- 읽기 학습 전략의 단계를 상기한다.
  - ① 시각 바꾸기   ② 훑어보기   ③ 질문하기
    ④ 질문에 대한 답 찾으며 읽기   ⑤ 통합하기   ⑥ 글로 표현하기
- 지난주에 스스로 계획하여 실천한 일이 있으면 발표한다.
- 참여자들이 지난 한 주 동안 일상생활 계획표와 1일 행동지침을 어떻게

실천하였는지 발표한다.

■ 오늘의 활동 목표 알아보기

- 의미 단위를 넓힐 수 있는 읽기 방법을 알 수 있다.
- 글을 읽을 때 읽기 학습 전략을 적용할 수 있다.

나. 중심활동(40분)

■ 현실요법적인 피드백(10분)

- 피드백을 받고 속상한 적이 있는가? (또는 다른 사람의 말을 듣고 속상했던 적이 있는가?)

  – 언제, 무슨 일로 피드백을 받았는데 어떤 점이 속상하였는지 발표한다.

- 지도자는 문답을 통하여 비난이 섞여 있는 피드백은 속상하게 한다는 것을 참여자가 깨닫도록 한다.

- 학습에 도움이 되는 피드백은 어떻게 할까?

- 현실요법적인 피드백은?

  "(당신)은 ＿＿＿＿＿＿＿한 것으로 보입니다(이해됩니다). 내가 그 부분을 다르게 한다면 ＿＿＿＿＿＿＿＿＿＿＿해 보고 싶습니다."

- 위와 같은 방법으로 이후 학습 내용을 피드백한다.

■ 의미 단위 확장을 위한 읽기 방법(10분)

- '활동지 1'을 확인한다.

- 의미 단위 확장을 위한 사선 치기 방법을 익힌다.

  – 인간은 어떤 정보를 의미 단위(sense group, thought group)로 받아들인다는 것을 자각한다. 즉 "꿀/벌/의/꼬/리/춤/은/전/체……"라고 한 자씩 끊어서 천천히 읽으면 이해가 잘 될 것 같지만 그렇지 않다. "꿀벌의 꼬리 춤은/ 전체 동물의/ 의사소통 체계 중/ 가장 정교한 것으로/ 유명하다"와 같이 이미 알고 있는 만큼 끊어서 보아야 더 잘 이해할 수 있다(출처: 원동연, 2005, 5차원 독서법과 학문의 9단계, 서울: 김영사, p.57).

– 사선 치기 할 때의 유의사항을 안다.

* 유의사항
 – 처음부터 과욕을 부려 많은 단어를 묶으면 절대 안 된다. 제대로 이해하지 못하고 넘어가기 때문에 읽기 능력이 향상되지 않는다. 최소 범위에서 시작하여 조금씩 확장해 가는 것이 바람직하다.
* 참고사항
 – 통계적으로 볼 때 사람의 두뇌가 아무리 훈련되지 않다 할지라도 한 번 시선을 주면 4~5단어를 인식하는 것이 보편적이다.

• 주어진 글을 자신이 읽을 수 있는 의미 단위로 사선을 친다.

나도 잘 할 수 있어요[1]

"이것이 숙제야? 뭘 해 온 거야. 말해 봐라."

"그림지도……."

"그래. 그림지도를 그려 오랬지, 누가 풍경화를 그려 오랬냐?"

민아가 그린 그림지도에는 커다란 느티나무가 줄줄이 서 있고, 나무들 너머로 파란색 지붕과 회색 벽이 길게 늘어진 학교 서쪽 창고 모습이 그려져 있었습니다. 나무와 창고가 너무 크게 그려져 있어서 길도, 마을 모습도 보이지 않았습니다.

"논밭, 다리, 길 같은 것들을 기호를 써서 그려 오라고 했었지? 네가 그린 것으로 마을 모습을 알아볼 수 있겠어? 3학년이 되었으면 숙제를 제대로 해 와야지."

– 자기가 어느 단계인지 기준표를 보고 판단한다.

단계	단어 수	이 글에서 사선 치기 횟수
적응 단계	1~3개	17회 이상
	2~5개	12회~16회
발전 단계	4~6개	8회~11회
	7~10개	5회~7회
완성 단계	1문장	4회
	2문장	2회

---

1) 읽기학습 전략에서 제시된 글들은 저자가 직접 쓴 글들을 게재하였다. 저작권의 문제가 없는 수업시간에는 신문기사나 사설, 교과서 글, 과학문고 등을 활용하여 지도할 수 있다. 저자도 박사논문 진행과정에서는 신문 사설을 주로 활용하였다.

– 결과를 발표하고 피드백받는다.

• 또 다른 글을 의미 단위로 사선 치기 하며 읽고, 주요 내용을 발표한다.

(앞의 '나도 잘 할 수 있어요'라는 글에 이어서)

담임선생님은 민아의 그림지도를 책상 위에 내려놓고 교실 앞쪽으로 걸어갔습니다.

'저도 잘 하려고 했어요. 운동장에서 서쪽에 보이는 것을 그린 거란 말이에요. 새벽 2시까지 색칠했어요.'

민아의 말은 목구멍 아래에서 스멀거릴 뿐 입 밖으로 나오지 않았습니다. 이마에서는 보송보송 땀방울이 솟아올랐습니다. 땀방울은 점점 커져서 얼굴 위로 흘러내렸습니다. 목구멍 아래서 스멀거리던 말들도 마음속 저 깊은 곳으로 자꾸만 떨어져 사라져 갔습니다.

"자, 모두 모여."

모둠 반장 강일이가 말하였습니다. 친구들이 주섬주섬 모둠을 만들었습니다. 민아가 가만히 앉아 있자 친구들이 끌어당겼습니다. 민아는 친구들이 하는 대로 몸을 맡겼습니다. 모둠이 완성되자 강일이가 다시 말을 이어 갔습니다.

"학교를 기준으로 동, 서, 남, 북의 그림지도 그려 왔지?"

친구들이 고개를 끄덕였습니다.

"그럼, 자기가 그려 온 것을 각자 발표하고 모두 붙여서 마을 지도를 완성하자."

친구들은 자기가 그려온 그림지도를 보여 주면서 발표하였습니다. 모둠 친구들 모두 발표가 끝났어도 민아는 꼼짝하지 않고 앉아 있었습니다. 이 모습을 보게 된 담임선생님이 저 멀리서 다가왔습니다. 가까이 다가올수록 담임선생님의 발소리가 탱크 소리처럼 크게 들렸습니다.

"야, 김민아! 왜 발표도 않고 앉아 있어? 넌 공부를 더해야 되겠다. 오늘 이 모둠 토의 결과 발표는 네가 해라!"

담임선생님께서 큰 목소리로 말씀하셨습니다.

■ **읽기 학습전략 적용하기(20분)**

• 개인별로 자신에게 맞는 활동지를 선택한다.

> * 유의사항
> – 지도자는 학력평가 결과와 읽기학습 전략의 습득 정도를 파악하여 참여자가 자신에게 맞는 활동지를 선택하도록 도와준다.
> – 활동지의 수준은 '디딤돌'이 초급, '너른들'이 중급, 각자 선택한 과학문고가 '세계로' 활동지로 고급 수준이다. 지도자는 학습하기에 적절한 내용이 들어 있는 과학문고를 미리 준비하였다가 참여자들이 선택하게 할 수 있다.
> – 지도자는 참여지의 수준에 맞는 과학문고를 선택하도록 지도하여야 한다.

• 읽기 학습 전략의 단계와 내용을 회상하며 과제 해결 계획을 세운다.

• '시각 바꾸기'를 한다.

• '훑어보기'를 한다.

• '질문하기'를 한다.

• '질문에 대한 답 찾으며 읽기'를 한다.

• '통합하기'를 한다.

• '글로 표현하기'를 한다.

• 결과를 발표하고 피드백을 주고받는다.

> * 유의사항
> – 읽기 학습전략의 정착을 위해서 국어나 사회 교과 시간에 지속적으로 적용하게 할 수 있다.

다. 정리활동(5분)

■ **오늘의 활동 내용 정리**

• 읽기 학습전략의 여섯 가지 단계를 정리한다.

• 활동 중 주요 오류를 교정하여 정리한다.

- 오늘 새로 배운 것이 무엇인지 발표한다.
- 오늘의 활동 소감을 발표한다.

■ **스스로 실천할 일**

- 자기가 스스로 실천할 일을 찾아본다(예: 글을 읽으며 읽기 학습전략 적용하기 등).

■ **다음 모임 예고**

- 수학 문장제를 효과적으로 해결하는 방법 익히기

의미 단위로 글 읽기

활동지 1.　　　　　　　　　　　성명 ________________

🖍 다음 글을 자신이 읽을 수 있는 의미 단위로 사선을 치며 읽어 보세요.

나도 잘 할 수 있어요

"이게 숙제야? 뭘 해 온 거야. 말해 봐."

"그림지도……."

"그래. 그림지도를 그려 오랬지, 누가 풍경화를 그려 오랬냐?"

민아가 그린 그림지도에는 커다란 느티나무가 줄줄이 서 있고, 나무들 너머로 파란색 지붕과 회색 벽이 길게 늘어진 학교 서쪽 창고 모습이 그려져 있었습니다. 나무와 창고가 너무 크게 그려져 있어서 길도, 마을 모습도 보이지 않았습니다.

"논밭, 다리, 길 같은 것들을 기호를 써서 그려 오라고 했었지? 네가 그린 것으로 마을 모습을 알아볼 수 있겠어? 3학년이 되었으면 숙제를 제대로 해 와야지."

♧ **나의 사선 치기 횟수(　　　　　)회**

♧ **나의 능력은 어느 정도일까? 아래 기준을 보고 판단해 보세요.**

단계	단어 수	이 글에서 사선 치기 횟수
적응 단계	1~3개	56회 이상
	2~5개	41회~55회
발전 단계	4~6개	26회~40회
	7~10개	11회~25회
완성 단계	1문장	7~10회
	2문장	4~6회

다음 글을 의미 단위로 사선을 치며 읽고, 주요 내용을 말해 보세요.

(앞의 '나도 잘 할 수 있어요'라는 글에 이어서)

담임선생님은 민아의 그림지도를 책상 위에 내려놓고 교실 앞 쪽으로 걸어갔습니다.

'저도 잘 하려고 했어요. 운동장에서 서쪽에 보이는 것을 그린 거란 말이에요. 새벽 2시까지 색칠했어요.'

민아의 말은 목구멍 아래에서 스멀거릴 뿐 입 밖으로 나오지 않았습니다. 이마에서는 보송보송 땀방울이 솟아올랐습니다. 땀방울은 점점 커져서 얼굴 위로 흘러내렸습니다. 목구멍 아래서 스멀거리던 말들도 마음속 저 깊은 곳으로 가라앉아 사라져 갔습니다.

"자, 모두 모여."

모둠 반장 강일이가 말하였습니다. 친구들이 주섬주섬 모둠을 만들었습니다. 민아가 가만히 앉아 있자 친구들이 끌어당겼습니다. 민아는 친구들이 하는 대로 몸을 맡겼습니다. 모둠이 완성되자 강일이가 다시 말을 이어 갔습니다.

"학교를 기준으로 동, 서, 남, 북의 그림지도 그려 왔지?"

친구들이 고개를 끄덕였습니다.

"그럼, 자기가 그려 온 것을 각자 발표하고 모두 붙여서 마을 지도를 완성하자."

친구들은 자기가 그려 온 그림지도를 보여 주면서 발표하였습니다. 모둠 친구들 모두 발표가 끝났어도 민아는 꼼짝하지 않고 앉아 있었습니다. 이 모습을 보게 된 담임선생님이 저 멀리서 다가왔습니다. 가까이 다가올수록 담임선생님의 발걸음 소리가 공룡의 걷는 소리처럼 크게 들렸습니다.

"야, 김민아! 왜 발표도 않고 앉아 있어? 넌 공부를 더해야 되겠다. 오늘 이 모둠 토의 결과 발표는 네가 해라!"

담임선생님께서 거친 목소리로 말씀하셨습니다.

주요 내용:

선(善)플과 악(惡)플

디딤돌 활동지　　　　　　　　　　　성명 ______________

✎ 다음 글을 읽고, 물음에 답해 보세요.

선(善)플과 악(惡)플

　요즘과 같은 시대를 정보화사회라고 합니다. 정보화사회의 대표적인 도구 중 하나가 인터넷입니다. 우리 학생들은 누구나 인터넷을 하루에 한 번 이상 사용하지 않고는 지나가기 힘들 것입니다. 인터넷은 편리한 점도 많지만 부작용도 만만치 않습니다.

　대전의 모 여고 1학년 이 모 양(당시 16세)에 관한 이야기입니다. 이 양은 2007년 4월 28일 방영된 모 방송사 TV 오락프로그램에서 3개월 만에 40Kg 감량했다는 내용이 소개되면서 화제가 되었습니다. 이 양은 '40Kg 감량 미녀'라는 이름표를 달고 나왔으며, 사회자는 이 양을 "3개월 만에 몸무게를 87kg에서 47Kg으로 40kg이나 줄였습니다."라고 소개하였습니다.

　이 프로그램 출연 이후 학교와 친구, 인터넷 등에서 '스타'가 된 이 양은 친구들에게 '가수'가 되고 싶다고 말했다고 합니다. 그러나 이 양의 행복은 여기까지였습니다. 불행의 시작은 당시 프로그램 출연 중 찍은 사진 한 장이었습니다. 당시 프로그램 패널 중 한 명이었던 유명그룹 S의 멤버와 사진을 찍으며 다정한 모습을 연출한 것이 결정적으로 인신공격의 대상이 되었던 것입니다.

　이 양은 이 사진을 자신의 미니홈피에 올렸고, 사진이 인터넷에 유포되면서 하루 10여 통의 악성 전화와 문자를 받았습니다. 자신의 개인 홈페이지에도 하루 평균 10개 이상의 악플이 올라와 무척 괴로워하였습니다. 악플이란 악성 리플의 줄인 말로 상대방이 올린 글에 대한 비방이나 험담을 하는 악의적인 댓글을 말합니다.

이 양이 한창 악플에 시달릴 때 인터넷 사이트에 다음과 같은 글을 올렸습니다. "제가 요즘 악플에 시달리고 있습니다. 익명이라고 함부로 올리는 글들을 제가 언제까지 참아야 하나요? 제가 어떻게 해야 하나요. 죽기를 바라나요? 정말 힘듭니다. 저도 사람입니다."

이 양은 이 글을 남긴 지 얼마 되지 않아 극단적인 선택을 한 것입니다. 이 양은 이제 이 세상 사람이 아닙니다.

어린이 여러분, 악플은 이렇게 한 사람의 생명을 앗아 가기도 합니다. 스스로 목숨을 끊은 이 양이 마음이 외롭고 도움이 필요할 때 악플이 아닌 선플을 봤더라면 지금 우리 곁에 남아 있지 않을까요? 아름다운 댓글 한마디가 생명을 살릴 수도 있기 때문입니다. 어린이 여러분은 인터넷에서 악플을 남기겠습니까, 선플을 남기겠습니까?

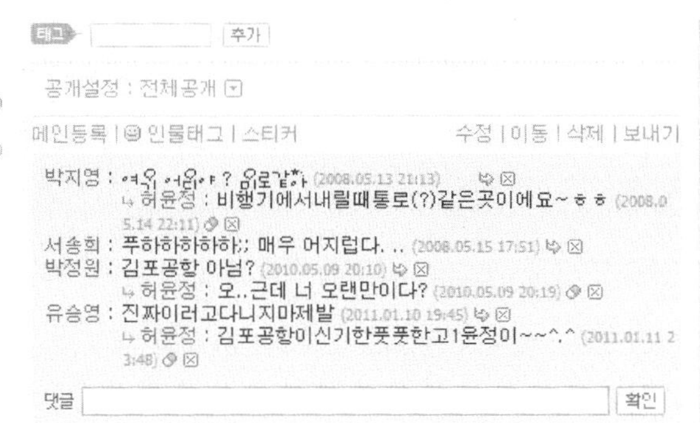

🍃 1단계, '시각 바꾸기'를 해 봅시다. 누구의 시각으로 어떻게 바꾸었는지
써 보세요.

🍃 2단계, '훑어보기'를 하고, 그 결과를 써 보세요.

1) 읽어야 할 글의 제목은 무엇입니까?

2) 소제목은 무엇입니까?

3) 큰 글씨나 고딕체의 글자가 있습니까?

4) 어떤 내용의 그림이 있나요?

🍃 3단계, 읽기 전에 필요한 질문을 만들어 보세요.

1) 제목을 질문으로 바꾼다.
→

2) 소제목을 질문으로 바꾼다.
→

3) 자신이 궁금하게 느끼는 내용을 질문으로 나타낸다.
→

4) '이 글의 주제는 무엇인가?'라고 묻는다.

● 4단계. 밑줄 치기와 네모 치기를 하면서 글을 읽고, 자신의 질문에 답을
써 보세요.

1) 제목에 대한 질문의 답을 쓰시오.

2) 소제목에 대한 질문의 답을 쓰시오.

3) 자신이 궁금하게 느낀 내용에 대한 질문의 답을 쓰시오.

4) 이 글의 주제는 무엇입니까?

● 5단계. 위 4단계 내용을 바탕으로 '통합하기'로 나타내 보세요.

● 6단계. '통합하기' 내용을 바탕으로 글로 표현해 보세요.

장애인의 날에

너른들 활동지   성명 ___________________

다음 글을 읽고, 물음에 답해 보세요.

장애인의 날에

매년 4월 20일은 장애인의 날입니다. 올해는 이번 주 일요일입니다. 그렇다면 장애인의 날은 어떻게 해서 생겼을까요?

제2차 세계대전으로 인해 아주 많은 사람들이 죽고 다쳤습니다. 그리하여 많은 장애인들이 생기게 되었습니다. 그래서 1948년에 만들어진 세계국제연맹에서는 장애인에 대해 관심을 갖게 되었습니다. 그 후 UN은 1975년 12월 9일에 '1981년을 세계 장애인 해'로 선포하면서 각 나라들이 장애인에 대해 관심을 갖고 정책을 만들도록 분위기를 만들어 주었습니다. 우리나라도 1981년부터 장애인 단체들이 중심이 되어 여러 준비를 해 오다가 정식으로 법정 기념일인 4월 20일을 만들게 되었습니다.

장애인은 태어날 때부터 장애를 지닌 사람이 있는가 하면, 살아가면서 장애를 얻게 된 사람들도 있습니다. 이렇게 보면 우리 일반인들도 어떤 사고로 또는 나이가

들어 몸의 기능이 떨어졌을 때 누구나 장애인이 될 가능성은 가지고 있는 것입니다. 그러므로 4월 20일은 현재 장애를 가지고 있지는 않지만 예비 장애인이라고 할 수 있는 일반인들이 한 번 더 장애인들에게 관심을 갖도록 유도하기 위해 만든 날이라고도 할 수 있습니다.

장애인과 일반인은 '인간의 존엄성'에 차이가 있는 것이 아닙니다. 일반인이나 장애인이나 모두 존귀한 존재입니다. 다만 장애인은 일반인에 비해 조금 불편하고, 같은 일을 하더라도 더 많은 노력이 필요할 뿐입니다.

우리 학교에도 도움을 필요로 하는 장애우들이 함께 공부하고 있습니다. 어떤 친구들은 그 어린이들을 놀리고 때리고 무시하는가 하면, 또 다른 친구들은 친절하게 가르쳐 주고 도와주기도 합니다. 어느 친구의 행동이 올바른 것일까요?

어린이 여러분, 이번 기회에 나는 어떤 사람이었는지 한번 생각해 봅시다. 만일 내가 좋은 친구가 되지 못했었다면 앞으로 더 따뜻하고 좋은 친구가 되도록 노력해 보세요. 여러분은 더 행복해질 것입니다.

● 1단계, '시각 바꾸기'를 해 봅시다. 누구의 시각으로 어떻게 바꾸었는지 써 보세요.

● 2단계, '훑어보기'를 하고, 그 결과를 써 보세요.

1) 읽어야 할 글의 제목은 무엇입니까?

2) 소제목은 무엇입니까?

3) 큰 글씨나 고딕체의 글자가 있습니까?

4) 어떤 내용의 그림이 있나요?

● 3단계, 읽기 전에 필요한 질문을 만들어 보세요.

1) 제목을 질문으로 바꾼다.
→

2) 소제목을 질문으로 바꾼다.
→

3) 자신이 궁금하게 느끼는 내용을 질문으로 나타낸다.
→

4) '이 글의 주제는 무엇인가?'라고 묻는다.

● 4단계, 밑줄 치기와 네모 치기를 하면서 글을 읽고, 자신의 질문에 답을 써 보세요.

1) 제목에 대한 질문의 답을 쓰시오.

2) 소제목에 대한 질문의 답을 쓰시오.

3) 자신이 궁금하게 느낀 내용에 대한 질문의 답을 쓰시오.

4) 이 글의 주제는 무엇입니까?

● 5단계, 위 4단계 내용을 바탕으로 '통합하기'로 나타내 보세요.

● 6단계, '통합하기' 내용을 바탕으로 글로 표현해 보세요.

세계로 활동지   성명 ＿＿＿＿＿＿＿＿

각자 준비한 과학문고의 글을 읽고, 다음 물음에 답하시오.

1단계, '시각 바꾸기'를 해 봅시다. 누구의 시각으로 어떻게 바꾸었는지 써 보세요.

2단계, '훑어보기' 를 하고, 그 결과를 써 보세요.

1) 읽어야 할 글의 제목은 무엇입니까?

2) 소제목은 무엇입니까?

3) 큰 글씨나 고딕체의 글자가 있습니까?

4) 어떤 내용의 그림이 있나요?

3단계, 읽기 전에 필요한 질문을 만들어 보세요.

1) 제목을 질문으로 바꾼다.
   →

2) 소제목을 질문으로 바꾼다.

→

3) 자신이 궁금하게 느끼는 내용을 질문으로 나타낸다.

→

4) '이 글의 주제는 무엇인가?'라고 묻는다.

4단계, 밑줄 치기와 네모 치기를 하면서 글을 읽고, 자신의 질문에 답을 써 보세요.

1) 제목에 대한 질문의 답을 쓰시오.

2) 소제목에 대한 질문의 답을 쓰시오.

3) 자신이 궁금하게 느낀 내용에 대한 질문의 답을 쓰시오.

4) 이 글의 주제는 무엇입니까?

5단계, 위 4단계 내용을 바탕으로 '통합하기'로 나타내 보세요.

6단계, '통합하기' 내용을 바탕으로 글로 표현해 보세요.

📖 17회기 수학 문장제 해결은 이렇게!

1. 영역

인지 · 초인지조절(수학 문장제 해결 1/5)

2. 목표

가. 자신의 수학 학습 실태를 점검할 수 있다.

나. 수학 문장제 해결 전략을 익힐 수 있다.

3. 준비물

활동지 1(나의 수학 학습 실태는?), 활동지 2(문장제 해결 전략을 익혀요)

4. 활동 전개(50분)

가. 도입활동(5분)

- **기억에 남는 일이나 행복했던 경험 발표하기**
- 참여자가 최근에 겪은 일들 중에서 기억에 남는 일이나 행복했던 경험을 발표한다.
  - 참여자가 발표하는 내용 중에서 충족된 욕구와 충족되지 못한 욕구, 바람 등을 참여자 스스로 깨닫도록 지도한다.
- **전시학습 상기 및 실천 정도 확인**
- 읽기 학습 전략의 단계를 상기한다.

– 시각 바꾸기, 훑어보기, 질문하기, 질문에 답 찾으며 읽기, 통합하기, 글로 표현하기

- 자신이 스스로 적용한 읽기 학습전략에 대하여 발표한다.
- 참여자들이 지난 한 주 동안 일상생활 계획표와 1일 행동지침을 어떻게 실천하였는지 발표한다.

■ **오늘의 활동 목표 알아보기**

- 자신의 수학 학습 실태를 점검할 수 있다.
- 수학 문장제 해결 전략을 알 수 있다.

나. 중심활동(40분)

■ **수학 학습 실태 점검 및 자기 평가(20분)**

- '활동지 1'을 확인한다.
- 주어진 문제를 자기 혼자의 힘으로 해결해 본다.

찰흙 1kg을 학생 5명에게 똑같이 나누어 주려고 합니다. 한 학생이 찰흙을 몇kg 씩 받을 수 있는지 알아보시오.
<근거: 수학 6 - 가(교육과학기술부, 2008), 8쪽과 유사한 문제임>

- 지도자는 개별적으로 해결 정도를 확인하면서 각자의 상태를 파악한다.
- 해결한 결과를 발표한다.
  - 각자 해결한 답을 발표한다.
  - 지도자는 참여자가 발표하는 답을 칠판에 기록한다.
  - 여러 답이 나왔을 경우 그렇게 나온 사람의 수를 조사하여 칠판에 기록한다. 답을 산출하지 못한 참여자는 '모른다'로 처리하되, '모른다'도 응답의 한 형태임을 지도하여 이에 응답한 참여자가 상처받지 않도록 한다.
- 토론 수업을 전개한다.
  - 오답부터 어떻게 문제를 해결했는지 발표한다.

- 발표 내용을 듣고 다른 답을 산출한 참여자가 또 다른 생각을 발표한다.

- 발표를 듣고 입장이 바뀐 사람의 수를 조사하여 칠판에 기록한다.
- 같은 입장의 사람들끼리 편을 짜서 사회자 1명을 선정한 후, 작전 토
  의를 한다.
- 토론을 전개한다. 토론할 때는 대표 1명이 먼저 자기편의 입장을 발표
  하고 나머지 조원들이 상대의 반박에 대한 답변을 할 수 있다.
- 최종 입장을 조사하여 칠판에 기록한다.
• 문제를 해결해 가면서 자신이 범한 오류들을 발표한다.
• '활동지 1'의 체크리스트에서 '예', '아니오'에 응답한 것이 무엇인지 확
  인한다.
• 한 사람씩 '예', '아니오'에 응답한 내용을 발표하면서 그렇게 하는 것이
  수학 학습에 도움이 되었는지도 말한다.

- 도움이 되지 않았다면 새롭게 시도해 볼 방법에는 어떤 것이 있는지 발표한다.

■ **수학 문장제 해결 전략 익히기(20분)**

- 지도자는 수학 문장제 해결 전략의 과정을 설명한다.

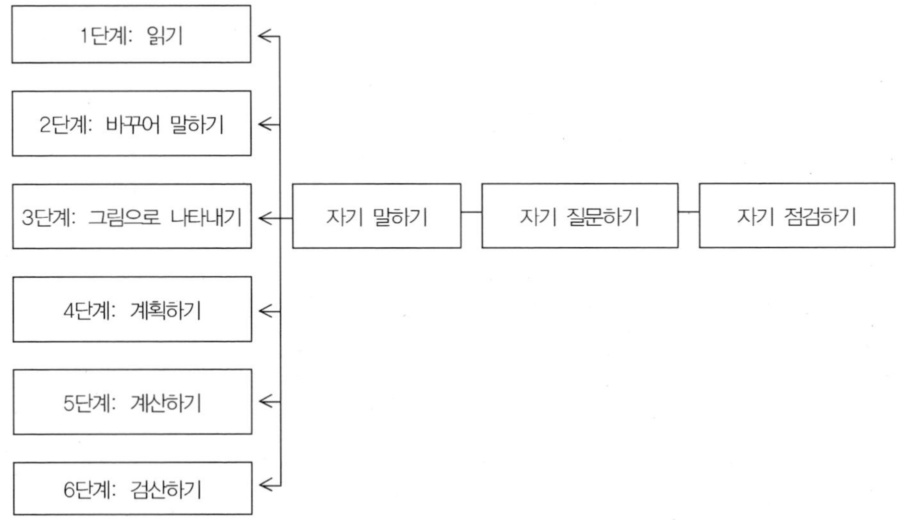

- 지도자는 각 과정별 주요 내용 및 방법을 익히기 위한 문제('활동지 2')를 제시한다.

> 색 테이프 2m를 학생 4명에게 똑같이 나누어 주려고 합니다. 한 학생이 색 테이프를 몇m씩 받을 수 있는지 알아보시오.
> <근거: 수학 6 - 가(교육과학기술부, 2009), 16쪽의 문제와 유사함>

- 주어진 문제를 해결해 가면서 지도자와 함께 전략을 익힌다.
- 1단계, '읽기' 방법을 익힌다.
  - 문제를 읽으면서 중요한 정보(숫자, 알아보려고 하는 것, 연산식의 정보를 주는 곳 등)에 밑줄을 긋는다.
  - '자기 말하기'를 해 본다.

“(자신에게 말한다.) 문제를 읽어라.”(문제를 읽는다.)

 – ‘자기 질문’을 해 본다.

“(스스로에게 묻는다.) 문제의 내용을 빠뜨리지 않고 읽었는가?”

“예.” 또는 “아니오.”

“(아닐 경우 자신에게 말한다.) 문제를 다시 한 번 읽어 보자.”

 – ‘자기 점검’을 해 본다.

“내가 문제를 풀기 위해 충분히 이해했는가? 부족하다고 느끼면 다시 읽어라.”

- 2단계, ‘바꾸어 말하기’ 방법을 익힌다.

 – ‘자기 말하기’를 해 본다.

“(자신에게 말한다.) 나 자신의 말로 문제를 바꾸어라.”

“색 테이프의 길이는 2m, 나누어 가지는 사람은 4명, 한 사람이 가질 수 있는 테이프는 몇m?”

 – ‘자기 질문’을 해 보자.

“나는 무엇을 알아내야 하는가?”

“한 사람이 가질 수 있는 테이프의 길이”

 – ‘자기 점검’을 해 보자.

“정보가 질문과 어울리는지 점검해 보자(자신에게 말하면서 실천 활동을 점검한다).”(점검할 내용: 색 테이프의 길이는 2m, 나누어 가지는 사람은 4명, 한 사람이 가질 수 있는 테이프는 몇m 등)

 – 위 1, 2단계(읽기, 바꾸어 말하기)의 전략을 요약하여 말로 나타낸다.

---

* 말로 나타내기의 예
색 테이프의 길이: 2m
나누어 가지는 사람: 4명
한 사람이 가질 수 있는 테이프는 몇m?

- 3단계, ‘그림으로 나타내기’ 방법을 익힌다.

 – ‘자기 말하기’를 해 본다.

"(자신에게 말한다.) 그림으로 나타내 보아라."

(그림을 그린다.)

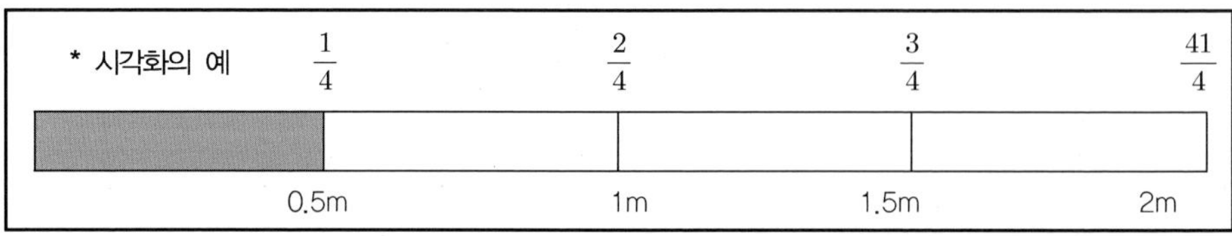

- '자기 질문하기'를 해 본다.

  "그림으로 잘 나타내었는가?"

  "예." 또는 "아니오."

- '자기 점검하기'를 해 본다.

  "그림이 문제와 잘 어울리는지 점검해 보자(자신에게 말하면서 실천한 활동을 점검한다)."

• 4단계, '계획하기' 방법을 익힌다.

  - '자기 말하기'를 해 본다.

    "(자신에게 말한다.) 어떤 연산이 필요한지 결정하자."

    "2를 4로 나눈다."

    "연산 기호를 적어 보자."

    "나누기(÷)"

  - '자기 질문'을 해 본다.

    "(자신에게 묻는다.) 한 사람이 가질 수 있는 색 테이프의 길이를 어떻게 구하지?"

    "2÷4"

    "계산 과정이 더 있는가?"

    "없다."

  - '자기 점검'을 해 본다.

    "계획이 맞는가? (자신에게 말하면서 실천한 활동을 점검한다.)"

(만일 그렇지 않다면 도움을 요청한다.)

- 5단계, '계산하기' 방법을 익힌다.
  - '자기 말하기'를 해 본다.

    "(자신에게 말한다.) 올바른 순서로 계산을 해라."

    (2÷4의 계산을 한다.)
  - '자기 질문'을 해 본다.

    "모든 계산이 올바른 순서로 이루어졌는가? (자신에게 말하면서 실천 활동을 점검한다.)"
  - '자기 점검'을 해 본다.

    "답이 맞는가?"

    "단위나 소수점 위치는 올바로 되어 있나?"
- 6단계, '검산하기' 방법을 익힌다.
  - '자기 말하기'를 해 본다.

    "(자신에게 말한다.) 계산을 검토해라."

    (계산 과정과 답을 검토한다.)
  - '자기 질문'을 해 본다.

    "나는 모든 단계를 검토했는가?"
  - '자기 점검'을 해 본다.

    "모든 것이 맞다면 검산식으로 나타내 보자."

    "$0.5 \times 4 = 2$"

    (만일 맞지 않다면 다시 돌아가서 검토한다.)

    (도움이 필요하다면 도움을 요청한다.)

* 연습문제
– 다음 문제들 중에서 자신의 능력에 맞는 것을 골라 해결한다.

문제 1) 주호네 밭의 $\frac{3}{4}$은 채소밭입니다. 이 중에서 $\frac{5}{6}$에 배추를 심었습니다. 배추를 심은 밭은 전체의 몇 분의 몇인지 알아보시오.
    <근거: 수학 5 - 가(교육과학기술부, 2009), 121쪽 문제와 유사한 문제>

문제 2) 2.8L를 크기가 같은 비커 2개에 똑같이 나누어 담으려고 합니다. 비커 한 개에 물을 몇L씩 담으면 되는지 알아보시오.
    <근거: 수학 5 - 나(교육과학기술부, 2009), 28쪽과 유사한 문제>

문제 3) 끈 3m를 가지고 상자 6개를 묶을 수 있습니다. 한 상자에 필요한 끈은 몇m입니까?
    <근거: 수학 6 - 가(교육과학기술부, 2009), 8쪽과 유사하나 하향 조정된 문제>

다. 정리활동(5분)

■ 오늘의 활동 내용 정리
• 수학 문장제 해결 전략 과정 및 내용을 정리한다.
• 활동 중 나타난 주요 오류를 교정하여 정리한다.
• 오늘 새로 배운 것이 무엇인지 발표한다.
• 오늘의 활동 소감을 발표한다.

■ 스스로 실천할 일
• 자기가 스스로 실천할 일을 찾아본다(예: 수학 문장제를 하나 골라 해결 전략 적용해 보기 등).

■ 다음 모임 예고
• 계산과정이 1회인 수학 문장제 해결하기

나의 수학 학습 실태는?

활동지 1.   성명 ________________

🖊 다음 문제를 읽고, 자신의 힘으로 풀어 보세요.

> 찰흙 1kg을 학생 5명에게 똑같이 나누어 주려고 합니다. 한 학생이 찰흙을 몇kg씩 받을 수 있는지 알아보시오.

〈아래에 풀이 과정과 답을 쓰시오.〉

🖊 아래의 내용이 자신에게 해당되면 '예'에, 그렇지 않으면 '아니오'에 √표 하세요.

내 용	예	아니오
1. 배울 것을 미리 살펴본다.		
2. 수업시간에 배운 내용은 되도록 그 시간에 이해하려고 노력한다.		
3. 공부하면서 중요하다고 생각되는 것은 표시해 둔다.		
4. 틀린 문제는 한 번 더 풀어 본다.		
5. 어려운 문제라도 쉽게 포기하지 않는다.		
6. 혼자 풀 수 없는 문제는 도움을 받아서라도 반드시 알고 넘어간다.		
7. 그림이나 기호로 표시해 볼 수 있는 문제는 먼저 그려 본다.		
8. 계산과정을 차근차근 적어 가며 푼다.		
9. 다 푼 후에는 반드시 검토한다.		
10. 매일 일정한 시간 수학 공부를 한다.		

♧ '예'에 답한 문항이 몇 개인가요? ________________개

♧ '아니오'에 답한 문항은 몇 개인가요? ________________개

문장제 해결 전략을 익혀요

활동지 2. 　　　　　　　　　성명 ________________

다음 문제를 읽고, 학습전략을 익혀 가면서 　　　 안에 알맞은 답을 쓰세요.

> 색 테이프 2m를 학생 4명에게 똑같이 나누어 주려고 합니다. 한 학생이 색 테이프를 몇m씩 받을 수 있는지 알아보시오.

1. '읽기' 방법을 익힌다.

① 문제를 읽으면서 중요한 정보에 밑줄을 긋는다.

② '자기 말하기'를 해 본다.

　"(자신에게 말한다.) 문제를 읽어라."(문제를 읽는다.)

③ '자기 질문'을 해 본다.

　"문제의 내용을 빠뜨리지 않고 읽었는가?"

④ '자기 점검'을 해 본다.

　"문제를 읽고, 이해했는가?" "예." 또는 "아니오." "(아닐 경우 자신에게 말한다.) 문제를 다시 한 번 읽어 보자."

2. '바꾸어 말하기' 방법을 익힌다.

① '자기 말하기'를 해 본다.

　"(자신에게 말한다.) 나 자신의 말로 문제를 바꾸어라."

② ‘자기 질문’을 해 보자.

　"나는 무엇을 알아내야 하는가?"

③ ‘자기 점검’을 해 보자.

　"정보가 질문과 어울리는지 짐검해 보자(자신에게 말하면서 실천 활동을 점검한다)."(점검할 내용: 색 테이프의 길이, 나누어 가지는 사람, 알아내야 할 것은 무엇인가 등)

　- 위 1, 2단계(읽기, 바꾸어 말하기)의 전략을 글로 요약해서 나타낸다.

3. ‘그림으로 나타내기’ 방법을 익힌다.

① ‘자기 말하기’를 해 본다.

　"(자신에게 말한다.) 그림으로 나타내 보아라."

② '자기 질문하기'를 해 본다.

"그림으로 잘 나타내었는가?"

"예." 또는 "아니오."

③ '자기 점검하기'를 해 본다.

"그림이 문제와 잘 어울리는지 점검해 보자(자신에게 말하면서 실천한 활동을 점검한다)."

4. '계획하기' 방법을 익힌다.

① '자기 말하기'를 해 본다.

"(자신에게 말한다.) 어떤 연산이 필요한지 결정하자."

"연산 기호를 적어 보자."

② '자기 질문'을 해 보자.

"(자신에게 묻는다.) 한 사람이 가질 수 있는 색 테이프의 길이를 어떻게 구하지?"

"계산 과정이 더 있는가?"

③ '자기 점검'을 해 보자.

"계획이 맞는가? (자신에게 말하면서 실천한 활동을 점검한다.)"

(만일 계획이 맞지 않다면 도움을 요청한다.)

5. '계산하기' 방법을 익힌다.
① '자기 말하기'를 해 본다.

"(자신에게 말한다.) 올바른 순서로 계산을 해라."

② '자기 질문'을 해 본다.

"모든 계산이 올바른 순서로 이루어졌는가?(자신에게 말하면서 실천 활동을 점검한다.)"
③ '자기 점검'을 해 본다.

"답이 맞는가?"

"단위나 소수점 위치는 올바로 되어 있나?"

6. '검산하기' 방법을 익힌다.

① '자기 말하기'를 해 본다.

"(자신에게 말한다.) 계산을 검토해라."

(계산 과정과 답을 검토한다.)

- '자기 질문'을 해 본다.

"나는 모든 단계를 검토했는가?"

- '자기 점검'을 해 본다.

"모든 것이 맞는다면 검산식으로 나타내 보자."

(만일 맞지 않다면 다시 돌아가서 검토한다.)

(도움이 필요하다면 도움을 요청한다.)

※ 연습문제

다음 문제들 중에서 자신에게 맞는 것을 골라 해결해 보세요.

문제 1) 주호네 밭의 $\frac{3}{4}$ 은 채소밭입니다. 이 중에서 $\frac{5}{6}$ 에 배추를 심었습니다. 배추를 심은 밭은 전체의 몇 분의 몇인지 알아보시오.

<디딤돌>

문제 2) 2.8L를 크기가 같은 비커 2개에 똑같이 나누어 담으려고 합니다. 비커 한 개에 물을 몇L씩 담으면 되는지 알아보시오.

<너른들>

문제 3) 끈 3m를 가지고 상자 6개를 묶을 수 있습니다. 한 상자에 필요한 끈은 몇m입니까?

<세계로>

📖 18회기 | 계산과정이 1회인 수학 문장제 해결

1. 영역

인지 · 초인지조절(수학 문장제 해결 2/5)

2. 목표

가. 수학 문장제 해결 전략을 완전히 이해한다.

나. 수학 문장제 해결 전략을 적용하여 계산과정이 1회인 문장제를 해결할
   수 있다.

3. 준비물

활동지 1(문장제를 해결해 봐요)

4. 활동 전개(50분)

가. 도입활동(5분)

■ 전시학습 상기 및 실천 정도 확인

• 지난 회기의 수학 문장제 해결 전략 단계를 상기한다.

  - ① 읽기, ② 바꾸어 말하기, ③ 그림으로 나타내기, ④ 계획하기,
    ⑤ 계산하기, ⑥ 검산하기

• 수학 문장제 해결 전략을 문장제에 적용해 본 결과를 발표한다.

• 스스로 계획하여 실천한 일이 있으면 발표한다.

- 참여자들이 지난 한 주 동안 일상생활 계획표와 1일 행동지침을 어떻게 실천하였는지 발표한다.

■ 오늘의 활동 목표 알아보기

> • 수학 문장제 해결 전략을 완전히 이해한다.
> • 수학 문장제 해결 전략을 적용하여 계산과정이 1회인 문장제를 해결할 수 있다.

나. 중심활동(40분)

■ 수학 학습 성공 스토리 만들기(10분)

- 지도자는 다음 이야기를 들려주고 수학을 100점 받을 수 있도록 이야기를 꾸미게 한다.

> 정호는 수학 성적 때문에 걱정이 많습니다. 며칠 전 시험에서 (   )점을 받았어요. 정호는 정말로 수학을 잘하고 싶거든요. 그런데 그 마음만큼 공부에 열중할 수는 없네요. 여러분들이 정호가 수학을 100점 맞을 수 있도록 이야기를 꾸며 주세요.

- 두 사람씩 짝을 만든다.
- 여러 가지 동전 중 하나를 선택하여 누가 앞면, 뒷면을 담당할지 결정한다. 동전은 외국 동전이면 더 좋다.
- 동전을 던져 면이 나올 때마다 그 면의 담당자가 이야기를 꾸며 간다.
- 100점 받을 때까지 이야기가 전개되면 끝맺는다.
- 만든 이야기를 발표한다.
- 피드백을 주고받는다.

■ 계산과정이 1회인 문장제 해결하기(10분)

- '활동지 1'을 확인한다.

고무공의 무게는 37.5g이고, 탁구공의 무게는 2.5g입니다. 고무공의 무게는 탁구공의 무게의 몇 배입니까?
<근거: 수학 익힘책 6 - 나(교육과학기술부, 2008), 58쪽과 유사하나 하향 조정된 문제임>

- 수학 문장제 해결 전략의 과정에 따라 스스로 문제를 해결해 나간다.
- 1단계, '읽기' 방법을 실행한다.
  - 문제를 읽으면서 중요한 정보에 밑줄을 긋는다.
  - '자기 말하기'를 해 본다.
    "(자신에게 말한다.) 문제를 읽어라."(문제를 읽는다.)
  - '자기 질문'을 해 본다.
    "(스스로에게 묻는다.) 문제의 내용을 빠뜨리지 않고 읽었는가?"
    "예." 또는 "아니오."
    "(아닐 경우 자신에게 말한다.) 문제를 다시 한 번 읽어 보자."
  - '자기 점검'을 해 본다.
    "내가 문제를 풀기 위해 충분히 이해했는가? 부족하다고 느끼면 다시 읽어라."
- 2단계, '바꾸어 말하기' 방법을 적용한다.
  - '자기 말하기'를 해 본다.
    "(자신에게 말한다.) 나 자신의 말로 문제를 바꾸어라."
    "고무공의 무게는 37.5g, 탁구공의 무게는 2.5g, 고무공의 무게는 탁구공 무게의 몇 배?"
  - '자기 질문'을 해 보자.
    "나는 무엇을 알아내야 하는가?"
    "고무공의 무게는 탁구공 무게의 몇 배인지."
  - '자기 점검'을 해 보자.
    "정보가 질문과 어울리는지 점검해 보자(자신에게 말하면서 실천 활동을 점검한다).”(점검할 내용: 고무공의 무게는 37.5g, 탁구공의 무게는 2.5g, 고무공의 무게는 탁구공 무게의 몇 배 등)

- 위 1, 2단계(읽기, 바꾸어 말하기)의 전략을 말로 나타낸다.

* 말로 나타내기의 예
고무공의 무게: 37.5g
탁구공의 무게: 2.5g
고무공의 무게는 탁구공 무게의 몇 배?

• 3단계, ‘그림으로 나타내기’ 방법을 적용한다.

- ‘자기 말하기’를 해 본다.

“(자신에게 말한다.) 그림으로 나타내 보아라.”

(그림을 그린다.)

(시각화의 예: 양팔 저울을 그리고 한쪽에는 고무공 1개, 다른 쪽에는 탁구공 15개를 올려놓은 그림)

- ‘자기 질문하기’를 해 본다.

“그림으로 잘 나타내었는가?”

“예.” 또는 “아니오.”

- ‘자기 점검하기’를 해 본다.

“그림이 문제와 잘 어울리는지 점검해 보자(자신에게 말하면서 실천한 활동을 점검한다).”

• 4단계, ‘계획하기’ 방법을 적용한다.

- ‘자기 말하기’를 해 본다.

“(자신에게 말한다.) 어떤 연산이 필요한지 결정하자.”

“37.5를 2.5로 나눈다.”

“연산 기호를 적어보자.”

“나누기(÷)”

- ‘자기 질문’을 해 본다.

“(자신에게 묻는다.) 한 사람이 가질 수 있는 색 테이프의 길이를 어떻게 구하지?”

“37.5÷2.5”

“계산 과정이 더 있는가?”

“없다.”

– ‘자기 점검’을 해 본다.

“계획이 맞는가? (자신에게 말하면서 실천한 활동을 점검한다.)”

(만일 그렇지 않다면 도움을 요청한다.)

• 5단계, ‘계산하기’ 방법을 적용한다.

– ‘자기 말하기’를 해 본다.

“(자신에게 말한다.) 올바른 순서로 계산을 헤라.”

(37.5÷2.5의 계산을 한다.)

– ‘자기 질문’을 해 본다.

“모든 계산이 올바른 순서로 이루어졌는가? (자신에게 말하면서 실천 활동을 점검한다.)”

– ‘자기 점검’을 해 본다.

“답이 맞는가?”

“단위나 소수점 위치는 올바로 되어 있나?”

• 6단계, ‘검산하기’ 방법을 적용한다.

– ‘자기 말하기’를 해 본다.

“(자신에게 말한다.) 계산을 검토해라.”

(계산 과정과 답을 검토한다.)

– ‘자기 질문’을 해 본다.

“나는 모든 단계를 검토했는가?”

– ‘자기 점검’을 해 본다.

“모든 것이 맞다면 검산식으로 나타내 보자.”

“15×2.5 = 37.5”

(만일 맞지 않다면 다시 돌아가서 검토한다.)

(도움이 필요하다면 도움을 요청한다.)

■ **계산결과 토론하기(20분)**

• 해결한 결과를 발표한다.

  − 각자 해결한 답을 발표한다.

  − 지도자는 참여자가 발표하는 답을 칠판에 기록한다.

  − 여러 답이 나왔을 경우 그렇게 나온 사람의 수를 조사하여 칠판에 기록
    한다. 답을 산출하지 못한 참여자는 '모른다'로 처리하되, '모른다'도 응
    답의 한 형태임을 지도하여 이에 응답한 참여자가 상처받지 않도록 한다.

• 토론 수업을 전개한다.

  − 오답부터 어떻게 문제를 해결했는지 발표한다. 지도자는 정답이나 오
    답이라는 단서를 줄 수 있는 어떤 표정이나 말을 해서는 안 된다.

  − 발표 내용을 듣고 다른 답을 산출한 참여자가 또 다른 생각을 발표한
    다. 지도자는 서로 다른 답을 차례로 발표해 가면서 참여자 스스로 정
    답이 무엇인지 깨우치도록 전개한다.

  − 발표를 듣고 입장이 바뀐 사람의 수를 조사하여 칠판에 기록한다.

  − 같은 입장의 사람끼리 편을 짜서 사회자 1명을 선정한 후, 작전 토의
    를 한다.

  − 토론을 전개한다. 토론할 때는 대표 1명이 먼저 자기편의 입장을 발표
    하고 나머지 조원들이 상대의 반박에 대한 답변을 할 수 있다.

  − 최종 입장을 조사하여 칠판에 기록한다.

• 문제를 해결해 가면서 자신이 범한 오류들을 발표한다.

* 연습문제

- 다음 문제들 중에서 자신의 능력에 맞는 것을 골라 해결한다.

문제 1) 가로가 $2\frac{2}{5}$m이고 세로가 $1\frac{4}{5}$m인 돗자리의 넓이는 얼마인지 알아보시오.

    <근거: 수학 5 - 가(교육과학기술부, 2007), 123쪽 문제와 유사함>

문제 2) 민지네 반에서는 가로 4m, 세로 0.6m인 직사각형 모양의 꽃밭에 봉아를 심었습니다. 봉숭아를 심은 꽃밭의 넓이는 몇m^2인지 알아보시오.

    <근거: 수학 5 - 나(교육과학기술부, 2007), 10쪽 문제와 유사함>

문제 3) 용호는 테이프를 $\frac{4}{5}$m 가지고 있고, 연희는 0.6m 가지고 있습니다. 누가 더 긴 테이프를 가지고 있는지 알아보시오.

    <근거: 수학 6 - 가(교육과학기술부, 2008), 12쪽과 유사한 문제>

문제 4) 2L의 음료수를 컵에 0.25L씩 따르고 있습니다. 음료수를 모두 따르려면 컵이 몇 개 필요합니까?

<근거: 수학 익힘책 6 - 나(교육과학기술부, 2008), 52쪽과 유사하나 하향 조정된 문제>

다. 정리활동(5분)

■ 오늘의 활동 내용 정리

- 수학 문장제 해결 전략 과정 및 내용을 정리한다.
- 활동 중 나타난 주요 오류를 교정하여 정리한다.
- 오늘 새로 배운 것이 무엇인지 발표한다.
- 오늘의 활동 소감을 발표한다.

■ 스스로 실천할 일

- 자기가 스스로 실천할 일을 찾아본다(예: 수학 문장제를 하나 골라 해결 전략 적용해 보기 등).

■ 다음 모임 예고

- 계산과정이 2회인 수학 문장제 해결하기

문장제를 해결해 봐요

활동지 1 　　　　　　　　　　　　　성명 ________________

다음 문제를 읽고, 학습전략을 적용해 가면서 ☐ 안에 알맞은 답을 쓰세요.

> 고무공의 무게는 37.5g이고, 탁구공의 무게는 2.5g입니다. 고무공의 무게는 탁구공의 무게의 몇 배입니까?

1. '읽기' 방법을 실행한다.

① 문제를 읽으면서 중요한 정보에 밑줄을 긋는다.

② '자기 말하기'를 해 본다.

"(자신에게 말한다.) 문제를 읽어라."(문제를 읽는다.)

③ '자기 질문'을 해 본다.

"문제의 내용을 빠뜨리지 않고 읽었는가?"

④ '자기 점검'을 해 본다.

"문제를 읽고, 이해했는가?" "예." 또는 "아니오." "(아닐 경우 자신에게 말한다.) 문제를 다시 한 번 읽어 보자."

2. '바꾸어 말하기' 방법을 적용한다.

① '자기 말하기'를 해 본다.

② "(자신에게 말한다.) 나 자신의 말로 문제를 바꾸어라."

③ '자기 질문'을 해 보자.

"나는 무엇을 알아내야 하는가?"

④ '자기 점검'을 해 보자.

"정보가 질문과 어울리는지 점검해 보자(자신에게 밀하면서 실천 활동을 점검한다)."

- 위 1, 2단계(읽기, 바꾸어 말하기)의 전략을 글로 요약해서 나타낸다.

3. '그림으로 나타내기' 방법을 적용한다.

① '자기 말하기'를 해 본다.

"(자신에게 말한다.) 그림으로 나타내 보아라."

② ‘자기 질문하기’를 해 본다.

"그림으로 잘 나타내었는가?"

"예." 또는 "아니오."

③ ‘자기 점검하기’를 해 본다.

"그림이 문제와 잘 어울리는지 점검해 보자(자신에게 말하면서 실천한 활동을 점검한다)."

4. ‘계획하기’ 방법을 적용한다.

① ‘자기 말하기’를 해 본다.

"(자신에게 말한다.) 어떤 연산이 필요한지 결정하자."

"연산 기호를 적어 보자."

② ‘자기 질문’을 해 보자.

"(자신에게 묻는다.) 고무공의 무게가 탁구공 무게의 몇 배인지를 어떻게 구하지?"

“계산 과정이 더 있는가?”

③ ‘자기 점검’을 해 보자.

“계획이 맞는가? (자신에게 말하면서 실천한 활동을 점검한다.)”

(만일 계획이 맞지 않다면 도움을 요청한다.)

5. ‘계산하기’ 방법을 적용한다.

① ‘자기 말하기’를 해 본다.

“(자신에게 말한다.) 올바른 순서로 계산을 해라.”

② ‘자기 질문’을 해 본다.

“모든 계산이 올바른 순서로 이루어졌는가? (자신에게 말하면서 실천 활동을 점검한다.)”

③ ‘자기 점검’을 해 본다.

“답이 맞는가?”

“단위나 소수점 위치는 올바로 되어 있나?”

6. '검산하기' 방법을 적용한다.
① '자기 말하기'를 해 본다.

    "(자신에게 말한다.) 계산을 검토해라."

     (계산 과정과 답을 검토한다.)

② '자기 질문'을 해 본다.

    "나는 모든 단계를 검토했는가?"

③ '자기 점검'을 해 본다.

    "모든 것이 맞는다면 검산식으로 나타내 보자."

(만일 맞지 않다면 다시 돌아가서 검토한다.)

(도움이 필요하다면 도움을 요청한다.)

※ 연습문제

다음 문제들 중에서 자신에게 맞는 것을 골라 해결해 보세요.

문제 1) 가로가 $2\frac{2}{5}$m이고 세로가 $1\frac{4}{5}$m인 돗자리의 넓이는 얼마인지 알아보시오.

<디딤돌>

문제 2) 민지네 반에서는 가로 4m, 세로 0.6m인 직사각형 모양의 꽃밭에 봉숭아를 심었습니다. 봉숭아를 심은 꽃밭의 넓이는 몇 m^2인지 알아보시오.

<너른들>

문제 3) 용호는 테이프를 $\frac{4}{5}$m 가지고 있고, 연희는 0.6m 가지고 있습니다. 누가 더 긴 테이프를 가지고 있는지 알아보시오.

<세계로 1단계>

문제 4) 2L의 음료수를 컵에 0.25L씩 따르고 있습니다. 음료수를 모두 따르려면 컵이 몇 개 필요합니까?

<세계로 2단계>

1. 영역

인지 · 초인지조절(수학 문장제 해결 3/5)

2. 목표

수학 문장제 해결 전략을 적용하여 계산과정이 2회인 문장제를 해결할 수
있다.

3. 준비물

활동지 1(문장제, 나도 풀 수 있어요)

4. 활동 전개(50분)

가. 도입활동(5분)

■ **전시학습 상기 및 실천 정도 확인**

- 수학 문장제 해결 전략의 단계를 말한다.
- 수학 문장제 해결 전략을 스스로 적용해 본 결과를 발표한다.
- 지난주에 스스로 계획하여 실천한 일이 있으면 말한다.
- 참여자들이 지난 한 주 동안 일상생활 계획표와 1일 행동지침을 어떻게
  실천하였는지 발표한다.

■ 오늘의 활동 목표 알아보기

• 수학 문장제 해결 전략을 적용하여 계산과정이 2회인 문장제를 해결할 수 있다.

나. 중심활동(40분)

■ 현실요법적 자기 평가 방법 익히기(10분)

• 다른 사람에게 비난받은 적이 있는가?

• 그때 자신의 마음은 어떠했나?

• 나 스스로는 못난이라고 생각해 본 적이 있는가?

• 어떤 때에 그런 생각이 드는가?

• 나 스스로를 못난이라고 비난할 때 자신의 마음은 어떠했나?

• 그동안 우리는 이 프로그램에 참여하면서 자기 평가를 많이 해 왔다. 올바른 자기 평가 방법은 무엇일까?

• 현실요법적 자기 평가는 자기 비난을 하거나 위축되게 하지 않는다. 현실요법적 자기 평가는 어떻게 하는 것일까?

"나는 ________________을 했습니다. 그런데 만일 내가 다시 한다면 _________한 것을 ______________하는 것으로 다르게 해 보고 싶습니다."

– 현실요법적 자기 평가 연습을 한다.

■ 계산과정이 2회인 문장제 해결하기(10분)

• '활동지 1'을 확인한다.

$1\frac{1}{5}$L의 물을 3개의 병에 똑같이 나누어 담았습니다. 병 하나에 든 물을 2명이 똑같이 나누어 먹는다면, 한 명이 몇L씩 먹게 되는지 소수로 나타내어 보시오.
<근거: 수학 익힘책 6 – 나(교육과학기술부, 2008), 23쪽과 유사하나 하향 조정된 문제>

- 수학 문장제 해결 전략의 단계에 따라 스스로 문제를 해결해 나간다.
- 1단계, '읽기' 방법을 실행한다.
  - 문제를 읽으면서 중요한 정보에 밑줄을 긋는다.
  - '자기 말하기'를 해 본다.
    "(자신에게 말한다.) 문제를 읽어라."(문제를 읽는다.)
  - '자기 질문'을 해 본다.
    "(스스로에게 묻는다.) 문제의 내용을 빠뜨리지 않고 읽었는가?"
    "예." 또는 "아니오."
    "(아닐 경우 자신에게 말한다.) 문제를 다시 한 번 읽어 보자."
  - '자기 점검'을 해 본다.
    "내가 문제를 풀기 위해 충분히 이해했는가? 부족하다고 느끼면 다시 읽어라."
- 2단계, '바꾸어 말하기' 방법을 적용한다.
  - '자기 말하기'를 해 본다.
    "(자신에게 말한다.) 나 자신의 말로 문제를 바꾸어라."
    "물은 $1\frac{1}{5}$L, 이 물을 3개의 병에 똑같이 나눔, 병 하나에 든 물을 2명이 나누어 먹음, 한 명이 몇L 먹는지 소수로 나타내기"
  - '자기 질문'을 해 보자.
    "나는 무엇을 알아내야 하는가?"
    "한 명이 몇L의 물을 먹는지 소수로 나타내기"
  - '자기 점검'을 해 보자.
    "정보가 질문과 어울리는지 점검해 보자(자신에게 말하면서 실천 활동을 점검한다)."(점검할 내용: 물은 $1\frac{1}{5}$L, 이 물을 3개의 병에 똑같이 나눔, 병 하나에 든 물을 2명이 나누어 먹음, 한 명이 몇L 먹나 등)
  - 위 1, 2단계(읽기, 바꾸어 말하기)의 전략을 말로 나타낸다.

* 말로 나타내기의 예

물: $1\frac{1}{5}$L

$1\frac{1}{5}$L 물을 3개의 병에 똑같이 나눈다.

병 하나에 든 물을 2명이 나누어 먹는다.

한 명이 몇L 먹는지 소수로 나타낸다.

• 3단계, '그림으로 나타내기' 방법을 적용한다.

  - '자기 말하기'를 해 본다.

    "(자신에게 말한다.) 그림으로 나타내 보아라."

    (그림을 그린다.)

    (그림의 예: $1\frac{1}{5}$L를 소수로 고치면 1.2L, 1.2L의 물을 3개의 병에
    0.4L씩 나눈 그림)

  - '자기 질문하기'를 해 본다.

    "그림으로 잘 나타내었는가?"

    "예." 또는 "아니오."

  - 4단계, '자기 점검하기'를 해 본다.

    "그림이 문제와 잘 어울리는지 점검해 보자(자신에게 말하면서 실천한
    활동을 점검한다)."

• 4단계, '계획하기' 방법을 적용한다.

  - '자기 말하기'를 해 본다.

    "(자신에게 말한다.) 어떤 연산이 필요한지 결정하자."

    "$1\frac{1}{5}$L를 소수로 고쳐 3으로 나눈다. 첫 번째 계산과정!"

    "나온 값을 다시 2로 나눈다. 두 번째 계산 과정!"

    "연산 기호를 적어 보자."

    "나누기($\div$)."

  - '자기 질문'을 해 본다.

"(자신에게 묻는다.) 한 사람이 먹을 수 있는 물의 양을 소수로 어떻게 구하지?"

"$1\frac{1}{5}$L÷3 = 1.2÷3"

"계산 과정이 더 있는가?"

"더 있다. 첫 번째 계산과정에서 나온 답을 2로 나눈다."

- '자기 점검'을 해 본다.

"계획이 맞는가? (자신에게 말하면서 실천한 활동을 점검한다.)"

(만일 그렇지 않다면 도움을 요청한다.)

• 5단계, '계산하기' 방법을 적용한다.

 - '자기 말하기'를 해 본다.

"(자신에게 말한다.) 올바른 순서로 계산을 해라."

"$1\frac{1}{5}$L÷3 = 1.2÷3 = 0.4"3

"0.4÷2 = 0.2"

 - '자기 질문'을 해 본다.

"모든 계산이 올바른 순서로 이루어졌는가? (자신에게 말하면서 실천 활동을 점검한다.)"

 - '자기 점검'을 해 본다.

"답이 맞는가?"

"단위나 소수점 위치는 올바로 되어 있나?"

• 6단계, '검산하기' 방법을 적용한다.

 - '자기 말하기'를 해 본다.

"(자신에게 말한다.) 계산을 검토해라."

(계산 과정과 답을 검토한다.)

 - '자기 질문'을 해 본다.

"나는 모든 단계를 검토했는가?"

 - '자기 점검'을 해 본다.

"모든 것이 맞다면 검산식으로 나타내 보자."

"0.2×2 = 0.4"

"0.4×3 = 1.2"

"$1.2 = 1\frac{1}{5}$"

(만일 맞지 않다면 다시 돌아가서 검토한다.)

(도움이 필요하다면 도움을 요청한다.)

■ **계산결과 토론하기(20분)**

• 해결한 결과를 발표한다.

- 각자 해결한 답을 발표한다.

- 지도자는 참여자가 발표하는 답을 칠판에 기록한다.

- 여러 답이 나왔을 경우 그렇게 나온 사람의 수를 조사하여 칠판에 기록한다. 답을 산출하지 못한 참여자는 '모른다'로 처리하되, '모른다'도 응답의 한 형태임을 지도하여 이에 응답한 참여자가 상처받지 않도록 한다.

• 토론 수업을 전개한다.

- 오답부터 어떻게 문제를 해결했는지 발표한다. 지도자는 정답이나 오답이라는 단서를 줄 수 있는 어떤 표정이나 말을 해서는 안 된다.

- 발표 내용을 듣고 다른 답을 산출한 참여자가 또 다른 생각을 발표한다. 지도자는 서로 다른 답을 차례로 발표해 가면서 참여자 스스로 정답이 무엇인지 깨우치도록 전개한다.

- 발표를 듣고 입장이 바뀐 사람의 수를 조사하여 칠판에 기록한다.

- 같은 입장의 사람끼리 편을 짜서 사회자 1명을 선정한 후, 작전 토의를 한다.

- 토론을 전개한다. 토론할 때는 대표 1명이 먼저 자기편의 입장을 발표하고 나머지 조원들이 상대의 반박에 대한 답변을 할 수 있다.

- 최종 입장을 조사하여 칠판에 기록한다.

• 문제를 해결해 가면서 자신이 범한 오류들을 발표한다.

* 연습문제
- 다음 문제들 중에서 자신의 능력에 맞는 것을 골라 해결한다.

문제 1) 수민이네 집에 있는 책의 $\frac{1}{2}$ 은 아동 도서입니다. 그중에서 $\frac{1}{3}$ 은 위인전이고, 위인전의 $\frac{1}{5}$ 은 우리나라 위인전입니다. 아동 도서 중에서 우리나라 위인전은 전체의 얼마인지 알아보시오.
<근거: 수학 5 - 가(교육과학기술부, 2007), 125쪽과 유사한 문제>

문제 2) 1Km를 달리는 데 휘발유가 0.09L 드는 자동차가 있습니다. 이 자동차로 한 시간에 60Km의 빠르기로 2시간 30분 동안 달렸습니다. 사용된 휘발유는 몇L입니까?
<근거: 수학 5 - 나(교육과학기술부, 2007), 22쪽과 유사한 문제>

문제 3) 문방구점에서 선물을 포장하는 데에 3m짜리 끈의 $\frac{1}{5}$ 을 사용하였습니다. 남은 끈은 몇m인지 소수로 나타내어 보시오.
<근거: 수학 6 - 가(교육과학기술부, 2008), 16쪽과 유사한 문제>

문제 4) 영주네 집에서는 쌀과 보리쌀을 8:1의 비율로 섞어서 밥을 짓는다고 합니다. 쌀을 400g 넣으면 보리쌀은 몇g을 넣어야 하는지 알아보시오.
<근거: 수학 6 - 가(교육과학기술부, 2008), 108쪽과 유사한 문제>

다. 정리활동(7분)

■ 오늘의 활동 내용 정리

- 오늘의 수학 문장제 해결 과정을 말해 본다.
- 활동 중 나타난 주요 오류를 교정하여 정리한다.
- 오늘 새로 배운 것이 무엇인지 발표한다.
- 오늘의 활동 소감을 발표한다.

■ 스스로 실천할 일

- 자기가 스스로 실천할 일을 찾아본다(예: 수학 문장제를 하나 골라 해결 전략 적용해 보기 등).

■ 다음 모임 예고

- 계산과정이 3회인 수학 문장제 해결하기

문장제, 나도 풀 수 있어요

활동지 1   성명 ________________

✎ 다음 문제를 읽고, ☐ 안에 알맞은 답을 쓰세요.

> $1\frac{1}{5}$L의 물을 3개의 병에 똑같이 나누어 담았습니다. 병 하나에 든 물을 2명이 똑같이 나누어 먹는다면, 한 명이 몇L씩 먹게 되는지 소수로 나타내어 보시오.

읽기　　1. 문제의 중요한 정보에 밑줄을 그으면서 읽었나요?
밑줄 그은 부분을 아래에 써 보세요.

(　　　　　　　　　　　　　　　　　　　　　　)

바꾸어 말하기　　2. 문제를 자신의 말로 바꾸어 써 보세요.

   3. 문제를 그림으로 나타내어 보세요.

   4. 문제를 식으로 나타내 보세요.

   5. 올바른 순서로 계산해 보세요.

6. 답이 맞는지 검산해 보세요.

(만일 맞지 않다면 다시 돌아가서 검토한다.)

(도움이 필요하다면 도움을 요청한다.)

* 연습문제
- 다음 문제들 중에서 자신의 능력에 맞는 것을 골라 해결해 보세요.

문제 1) 수민이네 집에 있는 책의 $\frac{1}{2}$ 은 아동 도서입니다. 그중에서 $\frac{1}{3}$ 은 위인전이고, 위인전의 $\frac{1}{5}$ 은 우리나라 위인전입니다. 아동 도서 중에서 우리나라 위인전은 전체의 얼마인지 알아보시오.

<디딤돌>

문제 2) 1Km를 달리는 데 휘발유가 0.09L 드는 자동차가 있습니다. 이 자동차로 한 <시간에 60Km의 빠르기로 2시간 30분 동안 달렸습니다. 사용된 휘발유는 몇L 입니까?

<너른들>

문제 3) 문방구점에서 선물을 포장하는 데에 3m짜리 끈의 $\frac{1}{5}$ 을 사용하였습니다. 남
은 끈은 몇m인지 소수로 나타내어 보시오.
<세계로 1단계>

문제 4) 영주네 집에서는 쌀과 보리쌀을 8:1의 비율로 섞어서 밥을 짓는다고 합
니다. 쌀을 400g 넣으면 보리쌀은 몇g을 넣어야 하는지 알아보시오.
<세계로 1단계>

📖 20회기 | 계산과정이 3회인 수학 문장제 해결

1. 영역

인지 · 초인지조절(수학 문장제 해결 4/5)

2. 목표

수학 문장제 해결 전략을 적용하여 계산과정이 3회인 문장제를 해결할 수 있다.

3. 준비물

활동지 1(내가 선택한 길은 어디로?), 활동지 2(문장제, 이젠 자신 있어요)

4. 활동 전개(50분)

가. 도입활동(5분)

■ 전시학습 상기 및 실천 정도 확인

- 지난 시간에 해결하였던 계산과정이 2회인 문장제를 회상한다.
- 어떻게 해결하였는지 과정과 결과를 발표한다.
- 지난주에 스스로 계획하여 실천한 일이 있으면 발표한다.
- 참여자들이 지난 한 주 동안 일상생활 계획표와 1일 행동지침을 어떻게 실천하였는지 발표한다.

■ 오늘의 활동 목표 알아보기

• 수학 문장제 해결 전략을 적용하여 계산과정이 3회인 문장제를 해결할 수 있다.

나. 중심활동(40분)

■ 어떤 길을 선택할 것인가?(10분)

• '활동지 1'을 확인한다.

• 현재 나의 가장 어려운 점은 무엇인가?

• 내가 선택할 수 있는 것들은 무엇인가?

• 서로 다른 선택을 했을 때 결과는 어떻게 달라질까?

• 나는 어떤 길을 선택할 것인가?

■ 계산과정이 3회인 문장제 해결하기(10분)

• '활동지 2'를 확인한다.

집에서 우체국까지는 $\frac{1}{2}$km, 우체국에서 역까지는 3.5km입니다. 그리고 우체국에서 학교까지는 2.7km입니다. 집에서 역까지의 거리는 집에서 학교까지의 거리의 몇 배입니까?
<근거: 수학 익힘책 6 - 나(교육과학기술부, 2008), 89쪽과 유사하나 하향 조정된 문제>

• 1단계, '읽기' 방법을 실행한다.

  – 문제를 읽으면서 중요한 정보에 밑줄을 긋는다.

  – '자기 말하기'를 해 본다.

    "(자신에게 말한다.) 문제를 읽어라."(문제를 읽는다.)

  – '자기 질문'을 해 본다.

    "(스스로에게 묻는다.) 문제의 내용을 빠뜨리지 않고 읽었는가?"

    "예." 또는 "아니오."

    "(아닐 경우 자신에게 말한다.) 문제를 다시 한 번 읽어 보자."

－'자기 점검'을 해 본다.

"내가 문제를 풀기 위해 충분히 이해했는가? 부족하다고 느끼면 다시 읽어라."

• 2단계, '바꾸어 말하기' 방법을 적용한다.

－'자기 말하기'를 해 본다.

"(자신에게 말한다.) 나 자신의 말로 문제를 바꾸어라."

"집에서 우체국까지는 $\frac{1}{2}$km, 우체국에서 역까지는 3.5km, 또 우체국에서 학교까지는 2.7km, 집에서 역까지의 거리는 집에서 학교까지의 거리의 몇 배?"

－'자기 질문'을 해 보자.

"나는 무엇을 알아내야 하는가?"

"집에서 역까지의 거리는 집에서 학교까지의 거리의 몇 배인지."

－'자기 점검'을 해 보자.

"정보가 질문과 어울리는지 점검해 보자(자신에게 말하면서 실천 활동을 점검한다)."(점검할 내용: 집에서 우체국까지는 $\frac{1}{2}$km, 우체국에서 역까지는 3.5km, 또 우체국에서 학교까지는 2.7km, 집에서 역까지의 거리는 집에서 학교까지의 거리의 몇 배 등)

－위 1, 2단계(읽기, 바꾸어 말하기)의 전략을 말로 나타낸다.

> * 말로 나타내기의 예
> 집에서 우체국까지: $\frac{1}{2}$km
> 우체국에서 역까지: 3.5km
> 우체국에서 학교까지: 2.7km
> 집에서 역까지의 거리는 집에서 학교까지의 거리의 몇 배?

• 3단계, '그림으로 나타내기' 방법을 적용한다.

－'자기 말하기'를 해 본다.

"(자신에게 말한다.) 그림으로 나타내 보아라."

(그림을 그린다.)

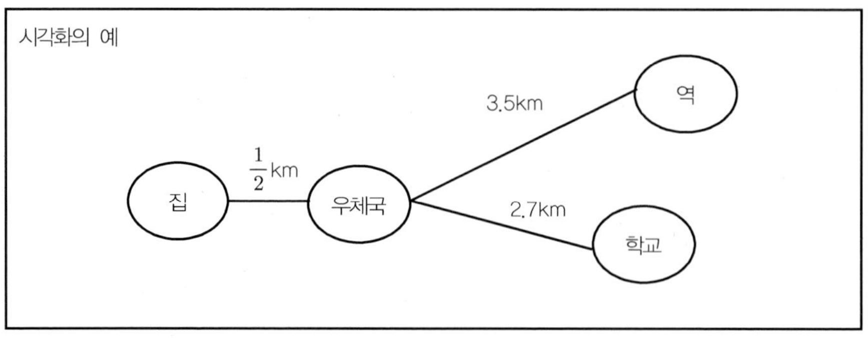

- '자기 질문하기'를 해 본다.

"그림은 문제와 잘 맞는가?"

"예." 또는 "아니오."

- '자기 점검하기'를 해 본다.

"그림이 문제와 잘 어울리는지 점검해 보자(자신에게 말하면서 실천한 활동을 점검한다)."

• 4단계, '계획하기' 방법을 적용한다.

- '자기 말하기'를 해 본다.

"(자신에게 말한다.) 어떤 연산이 필요한지 결정하자."

"$\frac{1}{2}$km와 3.5km를 더하여 집에서 역까지의 거리를 구한다. 첫 번째 계산과정!"

"$\frac{1}{2}$km와 2.7km를 더하여 집에서 학교까지의 거리를 구한다. 두 번째 계산과정!"

"집에서 역까지의 거리를 집에서 학교까지의 거리로 나눈다. 세 번째 계산과정!"

"연산 기호를 적어 보자."

"더하기(+)와 나누기(÷)"

- '자기 질문'을 해 본다.

"(자신에게 묻는다.) 집에서 역까지의 거리는 집에서 학교까지의 거리의 몇 배가 되는지 어떻게 구하지?"

“$\frac{1}{2}$＋3.5”(첫 번째 계산과정)

“$\frac{1}{2}$＋2.7”(두 번째 계산과정)

“4÷3.2”(세 번째 계산과정)

“계산 과정이 더 있는가?”

“없다.”

－ ‘자기 점검’을 해 본다.

“계획이 맞는가? (자신에게 말하면서 실천한 활동을 점검한다.)”

(만일 그렇지 않다면 도움을 요청한다.)

• 5단계, ‘계산하기’ 방법을 적용한다.

－ ‘자기 말하기’를 해 본다.

“(자신에게 말한다.) 올바른 순서로 계산을 해라.”

“$\frac{1}{2}$＋3.5＝4”(첫 번째 계산과정)

“$\frac{1}{2}$＋2.7＝3.2”(두 번째 계산과정)

“4÷3.2＝1.25”(세 번째 계산과정)

－ ‘자기 질문’을 해 본다.

“모든 계산이 올바른 순서로 이루어졌는가? (자신에게 말하면서 실천
활동을 점검한다.)”

－ ‘자기 점검’을 해 본다.

“답이 맞는가?”

“단위나 소수점 위치는 올바로 되어 있나?”

• 6단계, ‘검산하기’ 방법을 적용한다.

－ ‘자기 말하기’를 해 본다.

“(자신에게 말한다.) 계산을 검토해라.”

(계산 과정과 답을 검토한다.)

－ ‘자기 질문’을 해 본다.

“나는 모든 단계를 검토했는가?”

－'자기 점검'을 해 본다.

"모든 것이 맞는다면 검산식으로 나타내 보자."

"1.25×3.2 = 4"

(만일 맞지 않다면 다시 돌아가서 검토한다.)

(도움이 필요하다면 도움을 요청한다.)

■ **계산결과 토론하기(20분)**

• 해결한 결과를 발표한다.

－각자 해결한 답을 발표한다.

－지도자는 참여자가 발표하는 답을 칠판에 기록한다.

－여러 답이 나왔을 경우 그렇게 나온 사람의 수를 조사하여 칠판에 기록한다. 답을 산출하지 못한 참여자는 '모른다'로 처리하되 심리적인 상처를 주지 않도록 유의한다.

• 토론 수업을 전개한다.

－오답부터 어떻게 문제를 해결했는지 발표한다. 지도자는 정답이나 오답이라는 단서를 줄 수 있는 어떤 표정이나 말을 해서는 안 된다.

－발표 내용을 듣고 다른 답을 산출한 참여자가 또 다른 생각을 발표한다. 지도자는 서로 다른 답을 차례로 발표해 가면서 참여자 스스로 정답이 무엇인지 깨우치도록 전개한다.

－발표를 듣고 입장이 바뀐 사람의 수를 조사하여 칠판에 기록한다.

－같은 입장의 사람끼리 편을 짜서 사회자 1명을 선정한 후, 작전 토의를 한다.

－토론을 전개한다. 토론할 때는 대표 1명이 먼저 자기편의 입장을 발표하고 나머지 조원들이 상대의 반박에 대한 답변을 할 수 있다.

－최종 입장을 조사하여 칠판에 기록한다.

• 문제를 해결해 가면서 자신이 범한 오류들을 발표한다.

다. 정리활동(5분)

■ **오늘의 활동 내용 정리**

• 오늘 활동 중 어려웠던 점을 말한다.

• 활동 중 나타난 주요 오류를 교정하여 정리한다.

• 오늘 새로 배운 것이 무엇인지 발표한다.

• 오늘의 활동 소감을 발표한다.

* 연습문제
– 다음 문제들 중에서 자신의 능력에 맞는 것을 골라 해결한다.

문제 1) 영수는 꽃 박람회에 가서 직각삼각형 모양의 꽃밭을 보았습니다. 이 꽃밭의 넓이는 30m²이고, 밑변의 길이는 6m라고 합니다. 이 꽃밭의 높이를 알아보시오.
　　　　<근거: 수학 5 - 가(교육과학기술부, 2007), 105쪽과 유사한 문제>

문제 2) 윤석이네 학교에는 밑변이 10.52m이고, 높이가 10m인 삼각형 모양의 화단이 있습니다. 이 화단과 넓이가 같은 직사각형 모양의 화단을 만들려고 합니다. 직사각형 화단의 가로를 8m로 한다면, 세로는 몇m가 됩니까?
　　　　<근거: 수학 5 - 나(교육과학기술부, 2007), 68쪽과 유사한 문제)

문제 3) 연호는 1m짜리 끈의 0.4m를 잘라서 꽃을 만들었고, 종민이는 2m짜리 끈의 $\frac{2}{5}$를 잘라서 물건을 묶는 데 썼습니다. 끈이 많이 남은 사람은 누구인지 알아보시오.
　　　　<근거: 수학 6 - 가(교육과학기술부, 2008), 15쪽과 유사한 문제>

문제 4) 어머니께서 사 오신 사과, 배, 귤의 무게를 달아 보니 모두 45kg이었습니다. 사과, 배, 귤의 연비는 3:4:2입니다. 사과, 배, 귤의 무게는 각각 몇kg입니까?
<근거: 수학 익힘책 6 - 나(교육과학기술부, 2008), 125쪽과 유사하나 하향 조정된 문제>

■ **스스로 실천할 일**

• 자기가 스스로 실천할 일을 찾아본다(예: 계산과정이 3회인 수학 문장제를 하나 골라 해결하기 등).

■ **다음 모임 예고**

• 수학 문장제 해결 전략의 종합 적용

내가 선택한 길은 어디로?

활동지 1 　　　　　　　　　　성명 ___________________

현재 나의 가장 큰 어려움은 무엇입니까? 서로 다른 선택을 했을 때 무슨 일이 일어날지 그 결과가 어떨지 아래에 써 보세요.

현재 나의 가장 큰 어려움은?

선택 1		결과
	⇨	

선택 2		결과
	⇨	

선택 3		결과
	⇨	

문장제, 이젠 자신 있어요

　　　　　　　　　성명 ___________________

✎ 다음 문제를 읽고, 수학 문장제 해결 전략의 과정에 따라 해결해 보세요.

집에서 우체국까지는 $\frac{1}{2}$km, 우체국에서 역까지는 3.5km입니다. 그리고 우체국에서 학교까지는 2.7km입니다. 집에서 역까지의 거리는 집에서 학교까지의 거리의 몇 배입니까?

읽기　　1. 문제의 중요한 정보에 밑줄을 그으면서 읽었나요?
　　　　　　밑줄 그은 부분을 아래에 써 보세요.

　　　　(　　　　　　　　　　　　　　　　　　　　　　　　)

바꾸어 말하기　　2. 문제를 자신의 말로 바꾸어 써 보세요.

3. 문제를 그림으로 나타내어 보세요.

4. 문제를 식으로 나타내어 보세요.

5. 올바른 순서로 계산해 보세요.

6. 답이 맞는지 검산해 보세요.

(만일 맞지 않다면 다시 돌아가서 검토한다.)

(도움이 필요하다면 도움을 요청한다.)

* 연습문제

– 다음 문제들 중에서 자신에게 맞는 것을 골라 해결해 보세요.

문제 1) 영수는 꽃 박람회에 가서 직각삼각형 모양의 꽃밭을 보았습니다. 이 꽃밭의 넓이는 $30m^2$이고, 밑변의 길이는 $6m$라고 합니다. 이 꽃밭의 높이를 알아보시오.

<디딤돌>

문제 2) 윤석이네 학교에는 밑변이 $10.52m$이고, 높이가 $10m$인 삼각형 모양의 화단이 있습니다. 이 화단과 넓이가 같은 직사각형 모양의 화단을 만들려고 합니다. 직사각형 화단의 가로를 $8m$로 한다면, 세로는 몇m가 됩니까?

<너른들>

문제 3) 연호는 $1m$짜리 끈의 $0.4m$를 잘라서 꽃을 만들었고, 종민이는 $2m$짜리 끈의 $\frac{2}{5}$를 잘라서 물건을 묶는 데 썼습니다. 끈이 많이 남은 사람은 누구인지 알아보시오.

<세계로 1단계>

문제 4) 어머니께서 사 오신 사과, 배, 귤의 무게를 달아 보니 모두 **45kg**이었습니다. 사과, 배, 귤의 연비는 3:4:2입니다. 사과, 배, 귤의 무게는 각각 몇 **kg**입니까?

<세계로 2단계>

📖 21회기 수학 문장제 해결전략의 완결

1. 영역

인지 · 초인지조절(수학 문장제 해결 5/5)

2. 목표

자신의 능력에 맞는 문장제를 선택하여 능숙하게 해결할 수 있다.

3. 준비물

활동지 1(선택하여 해결하기), 활동지 2(좋은 선택이었나요?)

4. 활동 전개(50분)

가. 도입활동(5분)

■ **전시학습 상기 및 실천 정도 확인**

• 지난 시간에 해결했던 계산과정이 3회인 문장제를 회상한다.

• 어떻게 해결하였는지 과정과 결과를 발표한다.

• 지난주에 스스로 계획하여 실천한 일이 있으면 발표한다.

• 참여자들이 지난 한 주 동안 일상생활 계획표와 1일 행동지침을 어떻게 실천하였는지 발표한다.

■ **동기유발: 터치를 통해 읽기**

• 두 사람씩 짝을 짓는다.

- 한 사람이 상대에게 등을 내밀고 앉는다.
- 상대는 짝의 등을 칠판처럼 사용한다.
  - 먼저 칠판을 닦듯이 짝의 등을 문질러서 닦는다.
  - 어디가 위이고 어디가 아래인지 확인한다.
- 간단한 덧셈이나 뺄셈 계산을 한다(예: $5+6=11$).
- 등을 댄 사람은 상대가 하는 계산을 알아맞힌다.
- 3회 정도하고 역할을 바꾼다.

■ **오늘의 활동 목표 알아보기**

- 자신의 능력에 맞는 문장제를 선택하여 능숙하게 해결할 수 있다.

나. **중심활동(40분)**

■ **자신의 능력에 맞는 문장제를 선택하여 해결하기(10분)**

- '활동지 1'을 확인한다.
- 다음 문제들 중에서 자신의 능력에 맞는 문장제를 선택한다.

* **계산과정이 1회인 문항**

민수는 선물을 포장하는 데 3m짜리 끈의 $\frac{1}{5}$을 사용하였습니다. 사용된 끈은 몇 m인가요?

<근거: 수학 6 - 가(교육과학기술부, 2008), 16쪽 문제를 하향 조정함>

꽃 한 개를 만드는 데 색 테이프가 0.6m 필요하다면, 색 테이프 $3\frac{3}{5}$m로는 꽃을 몇 개 만들 수 있는지 알아보시오.

<근거: 수학 6 - 나(교육과학기술부, 2005), 81쪽과 유사하나 하향 조정된 문제>

* **계산과정이 2회인 문항**

농촌에 살고 계시는 소연이네 삼촌께서 추수한 쌀을 보내 주셨습니다. 한 가마니에 80Kg인 쌀을 다섯 가마니 반 보내셨는데, 네 집이 똑같이 나누어 가지기로 하였습니다. 한 집에 몇Kg씩 나누어 가지게 되는지 알아보시오.

<근거: 수학 5 - 나(교육과학기술부, 2007), 34쪽과 유사한 문제>

1시간 동안에 형은 12.2m², 동생은 10.4m²의 밭을 일굴 수 있습니다. 두 사람이 2시간 동안 함께 일하면, 모두 몇m²의 밭을 일굴 수 있습니까?
<근거: 수학 익힘책 6 - 나(교육과학기술부, 2008)의 83쪽 문제를 하향 조정하여 수학 5 - 나(교육과학기술부, 2007)의 8쪽 문제보다는 수준이 높음>

*** 계산과정이 3회인 문항**
한 개에 500원 하던 과자가 700원으로 오르고, 한 개에 1,000원 하던 빵이 1,300원으로 올랐습니다. 과자와 빵 중 오른 비율이 더 큰 것을 알아보시오.
<근거: 수학 6 - 가(교육과학기술부, 2008), 96쪽과 유사한 문제>

- 1단계, '읽기' 방법을 실행한다.
  - 문제를 읽으면서 중요한 정보에 밑줄을 긋는다.
  - '자기 말하기'를 해 본다.
    "(자신에게 말한다.) 문제를 읽어라."(문제를 읽는다.)
  - '자기 질문'을 해 본다.
    "(스스로에게 묻는다.) 문제의 내용을 빠뜨리지 않고 읽었는가?"
    "예." 또는 "아니오."
    "(아닐 경우 자신에게 말한다.) 문제를 다시 한 번 읽어 보자."
  - '자기 점검'을 해 본다.
    "내가 문제를 풀기 위해 충분히 이해했는가? 부족하다고 느끼면 다시 읽어라."
- 2단계, '바꾸어 말하기' 방법을 적용한다.
  - '자기 말하기'를 해 본다.
    "(자신에게 말한다.) 나 자신의 말로 문제를 바꾸어라."

  - '자기 질문'을 해 보자.
    "나는 무엇을 알아내야 하는가?"

- '자기 점검'을 해 보자.

  "정보가 질문과 어울리는지 점검해 보자(자신에게 말하면서 실천 활동을 점검한다)."

- 위 1, 2단계(읽기, 바꾸어 말하기)의 전략을 말로 나타낸다.

• 3단계, '그림으로 나타내기' 방법을 적용한다.

  - '자기 말하기'를 해 본다.

  "(자신에게 말한다.) 그림으로 나타내 보아라."

    (그림을 그린다.)

  - '자기 질문하기'를 해 본다.

  "그림은 문제와 잘 맞는가?"

  "예." 또는 "아니오."

  - '자기 점검하기'를 해 본다.

  "그림이 문제와 잘 어울리는지 점검해 보자(자신에게 말하면서 실천한 활동을 점검한다)."

• 4단계, '계획하기' 방법을 적용한다.

  - '자기 말하기'를 해 본다.

  "(자신에게 말한다.) 어떤 연산이 필요한지 결정하자."

"연산 기호를 적어보자."

- '자기 질문'을 해 본다.
  (자신에게 묻는다.)

"계산 과정이 더 있는가?"
"없다."
- '자기 점검'을 해 본다.
  "계획이 맞는가? (자신에게 말하면서 실천한 활동을 점검한다.)"
  (만일 그렇지 않다면 도움을 요청한다.)
• 5단계, '계산하기' 방법을 적용한다.
  - '자기 말하기'를 해 본다.
  "(자신에게 말한다.) 올바른 순서로 계산을 해라."

- '자기 질문'을 해 본다.
  "모든 계산이 올바른 순서로 이루어졌는가? (자신에게 말하면서 실천
  활동을 점검한다.)"
- '자기 점검'을 해 본다.
  "답이 맞는가?"
  "단위나 소수점 위치는 올바로 되어 있나?"
• 6단계, '검산하기' 방법을 적용한다.

- '자기 말하기'를 해 본다.

  "(자신에게 말한다.) 계산을 검토해라."

  (계산 과정과 답을 검토한다.)

- '자기 질문'을 해 본다.

  "나는 모든 단계를 검토했는가?"

- '자기 점검'을 해 본다.

  "모든 것이 맞는다면 검산식으로 나타내 보자."

(만일 맞지 않다면 다시 돌아가서 검토한다.)

(도움이 필요하다면 도움을 요청한다.)

■ **계산결과 모둠 토론하기(20분)**

• 똑같은 문제를 푼 사람끼리 모인다.

• 해결한 결과를 발표한다.

• 발표한 답을 구별하여 기록한다.

• 서로 다른 답별로 어떻게 문제를 해결하였는지 설명한다. 참여자들은 질문과 다른 생각을 주고받는다.

• 생각하는 휴식시간을 3분 동안 갖는다.

• 입장이 바뀌었는지 파악하여 같은 입장끼리 편을 이룬다.

• 같은 편끼리 사회자 1명을 선정한 후, 작전 토의를 한다.

• 토론을 전개한다.

  - 최종 입장을 선택한다.

• 교사와의 문답을 통하여 옳은 입장인지 스스로 깨우치게 한다.

• 문제를 해결해 가면서 자신이 범한 오류들을 발표한다.

■ **좋은 선택(Quality Choice)이었나? (10분)**

• '활동지 2'를 확인한다.

- 본 프로그램에 참여한 결과를 자기 평가하여 '활동지 1'에 표시한다.
  - 기분이 좋은가요?
  - 프로그램이 쓸모가 있었나요?
  - 나의 욕구가 충족되었나요?
  - 다른 사람과 더불어 공부하게 되었나요?
  - 공부하고 싶은 생각이 들었나요?
  - 학습 전략을 사용하게 되었나요?
  - 시간 관리를 잘하게 되었나요?
  - 모르는 것을 더 많이 묻게 되었나요?

> ※ 좋은 선택(Quality Choice)의 특징
> - 기분이 좋다.
> - 유용하다.
> - 자신의 욕구가 충족된다.
> - 타인의 욕구도 충족되게 한다.
> - 건설적이다.
> - 항상 발전 지향적인 변화를 추구한다.

- 표시 결과를 발표한다.
- '아니오'를 중심으로 충족되지 못한 부분을 탐색한다.
- '예'를 중심으로 어떤 점이 좋았는지 발표한다.

다. 정리활동(5분)

■ 오늘의 활동 내용 정리

- 오늘 활동 중 어려웠던 점을 발표한다.
- 활동 중 나타난 주요 오류를 교정하여 정리한다.
- 새로 배운 것이 무엇인지 발표한다.
- 오늘의 활동 소감을 발표한다.

- **스스로 실천할 일**
  - 자기가 스스로 실천할 일을 찾아본다(예: 수학 문장제를 하나 골라 해결 전략 적용해 보기 등).
- **다음 모임 예고**
  - 나의 다짐나무 꾸미기

선택하여 해결하기

활동지 1 성명 ___________________

 다음 문제들 중에서 자신이 풀 수 있는 것을 골라 수학 문장제 해결 전략을 적용하여 해결해 보세요.

문제 1) 민수는 선물을 포장하는 데 3m짜리 끈의 $\frac{1}{5}$을 사용하였습니다. 사용된 끈은 몇m인가요? <계산과정이 1회인 문제, 세계로 1단계>

문제 2) 꽃 한 개를 만드는 데 색 테이프가 0.6m 필요하다면, 색 테이프 $3\frac{3}{5}$m 로는 꽃을 몇 개 만들 수 있는지 알아보시오. <계산과정이 1회인 문제, 세계로 2단계>

문제 3) 농촌에 살고 계시는 소연이네 삼촌께서 추수한 쌀을 보내 주셨습니다. 한 가마니에 80Kg인 쌀을 네 가마니 반 보내셨는데, 세 집이 똑같이 나누어 가지기로 하였습니다. 한 집에 몇Kg씩 나누어 가지게 되는지 알아보시오. <계산과정이 2회인 문제, 너른들>

문제 4) 1시간 동안에 형은 12.2m², 동생은 10.4m²의 밭을 일굴 수 있습니다. 두 사람이 2시간 동안 함께 일하면, 모두 몇m²의 밭을 일굴 수 있습니까? <계산과정이 2회인 문제, 세계로 2단계>

문제 5) 한 개에 500원 하던 과자가 700원으로 오르고, 한 개에 1,000원 하던 빵이 1,300원으로 올랐습니다. 과자와 빵 중 오른 비율이 더 큰 것을 알아보시오. <계산과정이 3회인 문제, 세계로 1단계>

1. 문제의 중요한 정보에 밑줄을 그으면서 읽었나요?
밑줄 그은 부분을 아래에 써 보세요.

(   )

2. 문제를 자신의 말로 바꾸어 써 보세요.

3. 문제를 그림으로 나타내어 보세요.

4. 문제를 식으로 나타내 보세요.

5. 올바른 순서로 계산해 보세요('계산하기' 방법을 적용한다).

6. 답이 맞는지 검산해 보세요.

(만일 맞지 않다면 다시 돌아가서 검토한다.)
(도움이 필요하다면 도움을 요청한다.)

좋은 선택이었나요?

활동지 2   성명 ＿＿＿＿＿＿＿＿＿＿

우리들이 함께해 온 프로그램이 이제 1회기만 남겨 두었어요. 그동안 자신의 활동을 되돌아보며, 아래의 내용이 자신에게 해당되면 '예'에, 그렇지 않으면 '아니오'에 √표 하세요.

내 용	예	아니오
1. 기분이 좋은가요?		
2. 프로그램이 쓸모가 있었나요?		
3. 나의 욕구가 충족되었나요?		
4. 다른 사람과 더불어 공부하게 되었나요?		
5. 공부하고 싶은 생각이 들었나요?		
6. 학습 전략을 사용하게 되었나요?		
7. 시간 관리를 잘하게 되었나요?		
8. 모르는 것을 더 많이 묻게 되었나요?		

♣ '예'에 답한 문항이 몇 개인가요? ＿＿＿＿＿＿＿＿＿＿개
♣ '아니오'에 답한 문항은 몇 개인가요? ＿＿＿＿＿＿＿＿개

📖 22회기 | 이젠, 내 힘으로!

1. 영역

정리(1/1)

2. 목표

가. 지금까지의 실천 정도를 확인하고 평가할 수 있다.

나. 자신의 의지를 다짐나무에 표현할 수 있다.

3. 준비물

색연필, 가위(참여자 수만큼), 풀(참여자 수만큼), 활동지 1(기억에 남는 회기), 활동지 2(나의 다짐나무 꾸미기), 활동 결과물을 정리한 포트폴리오, 주사위(2명에 1개씩), 이수증(참여자별로 준비)

4. 활동 전개(50분)

가. 도입활동(5분)

■ 전시학습 상기 및 실천 정도 확인

• 읽기 학습전략의 단계를 상기해 본다.

• 수학 문장제 해결 전략의 단계를 상기한다.

• 지난주에 스스로 계획하여 실천한 일이 있으면 발표한다.

■ 오늘의 활동 목표 알아보기

- 지금까지의 실천 정도를 확인하고 평가할 수 있다.
- 자신의 의지를 다짐나무에 표현할 수 있다.

나. 중심활동(40분)

■ 행동지침 실천 정도 확인 및 자기 평가하기(10분)

- 1회기부터 지금까지 행동지침 실천 정도의 변화를 알아본다.
- 자신의 잘한 점과 어려웠던 점을 발표한다.
- 1일 행동지침 실천정도를 확인하고 자기의 기준에 도달하였는지 확인한다.

* 도달 기준 예시
 - 영역별 평균 점수가 4점 이상
 - 1회기 대비 영역별 평균이 0.5점 이상 향상

- 그동안 1일 행동지침을 어떻게 실천해 왔는지 발표한다.
- 포트폴리오를 보고 일상생활 계획표의 실천 정도를 확인한다.
- 그동안 일상생활 계획표를 어떻게 실천해 왔는지 발표한다.
- 1회기부터 지금까지의 주요 활동 내용을 회상해 본다.
- '활동지 1'에 기억에 남는 회기를 정리하여 발표한다.

■ 명령 게임: 사이먼 가라사대(15분)

- 두 사람씩 짝을 짓는다.
- 주사위를 던져 높은 수가 나온 사람이 명령권을 갖는다.
- 다음과 같은 명령을 한다.

  "사이먼 가라사대, 연필을 들어라. 그리고 공책을 펼쳐라. 읽기 학습전략 3단계를 써라."

- 명령을 받은 사람이 답을 맞히면 1점을 획득한다.
- 또 주사위를 던져 위와 같은 활동을 정해진 시간 동안 반복한다.

- 정해진 시간이 끝나고 점수를 많이 얻은 사람이 승리한다.
- 본 게임에서 명령으로 사용할 수 있는 제재는 그동안 학습했던 내용들이다.

* 유의사항
- 이 게임을 통하여 그동안 학습했던 내용들이 정리될 수 있도록 한다.

■ **다짐나무 꾸미기(15분)**

- '활동지 1'을 확인한다.
- 자신의 학습 능력 향상을 위해 무엇을 더 노력해야 할지 생각해 본다.
- 자기의 마음속에 있는 큰 나무를 그린다.
- 자신의 다짐의 개수만큼 좋아하는 열매를 그린다.
- 앞으로 실천할 자신의 다짐을 열매 속에 적어 넣는다. 필요한 경우에는 색연필로 열매를 예쁘게 꾸민다.
- 적은 것을 다짐나무에 붙인다.
- 다짐 열매가 모두 붙여진 나무를 참여자들에게 보여 주면서 발표한다.
- 잠시 눈을 감고 다짐의 시간을 갖는다.

다. 정리활동(5분)

■ **오늘의 활동 내용 정리**

- 자신의 다짐을 상기한다.
- 다짐을 꼭 지키겠다는 약속을 한다.
- 오늘 새로 배운 것이 무엇인지 발표한다.
- 오늘의 활동 소감을 발표한다.

■ **이수증 수여 및 마무리**

- 이수증을 개인별로 수여한다.
- 지도자는 참여자들의 노고를 격려한다.
- 참여자 상호간 격려의 인사를 나눈다.

기억에 남는 회기

활동지 1   성명 ________________

🖌 이 프로그램을 체험하면서 도움을 얻었나요? 특히 기억에 남는 내용을 아래에 기록해 보세요.

회기	활동 주제	기억에 남는 내용	도움 된 정도		
			많이	조금	전혀

나의 다짐나무 꾸미기

활동지 2   성명 ________________

🖍 아래에 내 마음속의 커다란 나무를 그려 보세요.

🖍 아래의 순서대로 작업을 진행하세요.

① 아래의 빈 곳에 자신의 다짐의 개수만큼 좋아하는 열매를 그리세요.
② 열매에 자신의 다짐을 쓰세요.
③ 다짐을 쓴 열매를 색칠하세요.
④ 열매를 오려 앞쪽의 나무에 붙이세요.

참고문헌

교육과학기술부(2008). 통계로 알아보는 2007 국가수준 학업성취도 평가. 연구자료 ORM
　　　2008-34. 서울: 한국교육과정평가원.
권성연(2002). 자기조절학습의 단계와 구인 규명. 이화여자대학교 대학원 박사학위논문.
김남옥(1985). 교과서 읽기 기술훈련이 학습습관 및 학업성적에 미치는 효과. 학생지도연
　　　구, 18(1), 63~98.
______(1987). 학습기술 훈련 프로그램 Ⅰ: 읽기 기술. 학생지도연구, 20(1), 57~88.
______(1990). 학습부진아들의 상담 및 훈련을 위한 읽기 교정지도 프로그램 개발. 한국심
　　　리학회지: 상담과 심리치료, 3(1), 87~107.
______(1991a). 학습부진아에 대한 진단적-처방적 학습기술 훈련의 효과. 계명대학교 대
　　　학원 박사학위논문.
______(1991b). 여유 있는 학교생활을 위한 효율적인 시간관리 기술 훈련 프로그램. 학생연
　　　구, 11, 53~70.
김남희, 김아영(2002). 현실요법을 적용한 집단상담이 여중생의 학습된 무기력 및 학업적
　　　자기효능감에 미치는 효과. 이화교육논총, 12, 423~439.
김순자, 김갑숙(2006). 현실요법적 집단미술 치료가 학습부진 청소년의 성취동기 및 자아
　　　개념에 미치는 효과. 미술치료연구, 13(3), 527~552.
김아영, 주지은, 정소영(2005). 수학성취 수준별 집단의 성취도와 학습전략 사용 및 변화
　　　에 대한 자기조절학습 훈련 프로그램의 효과, 교육심리연구, 19(3), 677~698.
김용수(1998). 자기조절학습의 효과에 관한 실험연구. 한국교원대학교 대학원 박사학위논문.
김은미(2003). 현실요법 프로그램이 초등학교 학습부진아의 성취동기와 자아개념에 미치
　　　는 효과. 진주교육대학교 교육대학원 석사학위논문.
김인자(2005). 현실요법과 선택이론. 서울: 한국심리상담연구소.
김인자, 황미구(1997). 현실요법을 적용한 집단상담 프로그램이 내적 통제성 및 성취동기
　　　에 미치는 효과. 한국심리학회지: 상담과 심리치료, 9(1), 81~98.
김정환, 정미수(2005). 의지조정전략과 행동통제성이 자기조절학습 능력 및 학업성취에 미
　　　치는 영향. 학습자중심교과교육연구, 152~171.
김현자(2006). 현실요법을 적용한 한부모 가족-집단미술치료가 자아존중감과 내적 통제
　　　에 미치는 영향. 미술치료연구, 13(4), 861~892.
김희수(2007). CSQ3Rs 독서 전략이 고등학생의 학습태도, 자기효능감 및 읽기 이해능력에
　　　미치는 효과. 교육심리연구, 21(2), 477~496.
______(2008). 읽기 이해능력 학습전략 훈련이 중학생의 자기조절 학습기능 습득과 국어

교과 학업 성취에 미치는 효과: CSQ3Rs 학습전략을 중심으로. 교육심리연구, 22(2), 385~403.

라주섭(2007). 현실요법 집단상담이 초등학교 학습부진아의 성취동기 및 자아존중감에 미치는 효과. 전남대학교 교육대학원 석사학위논문.

박병기, 정기수, 김선미, 이종욱(2005). 자기조절학습의 복합적 측정도구 개발과 타당화: 동기조절 척도의 통합을 중심으로. 교육심리연구, 19(2), 455~486.

박성은(2004). 학업능력 자아개념과 본질동기가 자기조절학습에 미치는 영향. 홍익대학교 대학원 박사학위논문.

박성혜, 김혜경, 채우기, 권균(1999). 학습동기에 따른 학습자의 개념 변화 효과. 한국과학교육학회지, 19(1), 91~99.

박승호(1995). 초인지, 초동기, 의지통제와 자기조절학습의 관계. 교육심리연구, 9(2), 57~90.

백승희(2002). 동기설계 수업 모형의 적용이 자기조절학습 능력에 미치는 효과. 국민대학교 대학원 박사학위논문.

봉갑요(2004). 자기조절학습 프로그램이 독해부진아의 자기효능감과 독해력 향상에 미치는 영향. 서울여자대학교 대학원 박사학위논문.

송기학(2001). 현실요법 군 집단상담의 효과. 단국대학교 대학원 박사학위논문.

송상호(1998). ARCS 모델에 대한 비판적 고찰: 가정, 특징, 그리고 이론적 쟁점들. 교육공학연구, 14(3), 155~176.

심윤영(2006). 현실요법 집단상담이 초등학생의 내적 통제성 및 학습동기에 미치는 효과. 광주교육대학교 교육대학원 석사학위논문.

심은영(2006). 다면적 표상 기반 전략 훈련이 수학 문장제 해결에 미치는 영향. 국민대학교 대학원 박사학위논문.

양명희(2000). 자기조절학습의 모형 탐색과 타당화 연구. 서울대학교 대학원 박사학위논문.

오귀남(2000). 현실요법을 적용한 예비교사 집단상담 프로그램 개발과 효과. 홍익대학교 대학원 박사학위논문.

원동연(2005). 5차원 독서법과 학문의 9단계. 서울: 김영사.

유경호(2004). ARCS 모델기반 자기조정학습 수업전략이 학습동기, 자기효능감, 학업성취에 미치는 효과. 교려대학교 대학원 박사학위논문.

유재성, 장은진 공역(2009). 아동과 청소년을 위한 해결중심 상담. 서울: 학지사.

정미경(1999). 자기조절학습과 학업성취의 관계에 관한 구조모형 검증. 숙명여자대학교 대학원 박사학위논문.

정순례(1992). 현실요법에 근거한 학습방법이 중학생의 교과 및 학교에 대한 태도와 학업성취에 미치는 효과. 성균관대학교 대학원 박사학위논문.

정영옥(2004). 현실요법 집단상담이 초등학생의 내적 통제성과 성취동기에 미치는 영향. 경인교육대학교 교육대학원 석사학위논문.

정택희(19887). 수업의 학습시간 투입의 동기요인과 효과분석 연구. 고려대학교 대학원 박사학위논문.

최옥영(2005). 초등학생의 자기조절학습 전략 훈련 및 효과분석. 충남대학교 박사학위논문.

Bandura, A.(1986). *Social foundations of thought and action: A social cognitive theory*. Englewood

Cliffs, NJ: Prentice−Hall.

______(1993). Perceived self−efficacy in cognitive development and functioning. *Educational Psychologist, 28*, 117∼148.

______(1997). *Self−efficacy: The exercise of control.* New York: Freeman.

Bartlett, F. C.(1932). *Remembering.* London: Cambridge University Press.

Bawman, J. E.(1981). Prediction of academic behaviors from four academic skills areas among more and less traditional black students. The University of Michigan, DA 8125074.

Belfiore, P. J. & Hornyark, R. S.(1998). Operant theory and application to self−monitoring in adolescents. In D. H. Schunk & B. J. Zimmerman(Eds.). *Self−regulated learning: From teaching to self reflective practice*(pp.184∼202). New York: The Guilford Press, A Division of Guilford Publication, Inc.

Bianco, L. & McCormick, S.(1989). Analysis of effects of a reading study skill program for high school learning−disabled students. *The Journal of Educational Research, 82*, 282∼288.

Bouffard−Bouchard, T.(1990). Influences of self−efficacy on performance in a cognitive task. *Journal of Social Psychology, 19*, 353∼363.

Britton, B. K. & Tesser, A.(1991). Effects of time management practices on college grades. *Journal of Educational Psychology, 83*, 405∼410.

Brown, A. L.(1978). Knowing when, where, and how to remember: A problem of metacognition. In R. Glaser(Ed.). *Advances in instructional psychology*(vol.1. pp.77∼145). Hillsdale NJ: Erlbaum.

______, A. L.(1987). *Metacognition, executive control, self−regulation and other more mysterious mechanism.* Hillsdale, NJ: Lawrence Erlbaum Associate.

Brunstein, J. C. & Olbrich, E.(1985). Personal helplessness & action control: Analysis of achievement−related cognitions, self−assessment & performances. *Journal of Personality & Social Psychology. 48.* 1540∼1551.

Castagna, S. A. & Codd, J. M.(1984). High school study skills : Reasons and techniques for counselor involvement. The School Counselor, 37∼42.

Chambers, C. & McLaughlin, T.(1994). An evaluation of a Glasser quality classroom: No effects on achievement in mathematics but on attitude toward school. *Perceptual and Motor Skills, 78*, 478.

Collins, C. (1991). Reading instruction that increases thinking ability. *Journal of Reading, 34*, 510-516.

Corno, L.(1986). The metacognitive control components of self−regulated learning. *Contemporary Educational Psychology, 11*, 333∼346.

Corno, L. & Mandinach, E. B.(1983). The role of cognitive engagement in classroom learning and motivation. *Educational Psychologist, 18*, 88∼108.

Driskell, J. L. & Kelly, E. L.(1980). A guided notetaking and study skills system for use with university freshman predicted to fail. Journal of reading, 327~331.

Eccles, J. S. Abler, T. Futterman, R. Goff, S. Kaczala, C. Meece, J. & Midgley, C.(1983). Expectancies, values, and academic behavior. In J. T. Spence(Ed), *Achievement and achievement motives: Psychological and sociological approaches*(pp.75~46). San Francisco: W. H. Freeman.

Eccles, J. S. & Midgley, C.(1989). Stage environment fit: Developmentally appropriate classroom for early adolescents. In C. Ames & R. Ames(Eds). *Research on motivation in education, Vol.3*: Goals and cognition(pp.139~186). New York: Academic Press.

Evans, W.(1984). Test−wiseness: An examination of cue−using strategy. *Journal of Experimental Education*, 141~144.

Flavell, J. H.(1997). Metacognition and cognitive monitoring. *American Psychologist, 34*, 906~911.

Gilbreath, S. H.(1967). Group counseling, dependence, and college male underachievement. Journal of Counseling Psychology, 14, 449~453.

Glasser, W.(1998a). *Choice theory: A new psychology of personal freedom.* New York: HarperCollins Publishers.

__________.(1998b). *The quality school: Managing students without coercion.* New York: HarperCollins Publishers.

Graham, S. & Harris, K. R.(1989a). Components analysis of cognitive stretegy instruction: Effects on learning disabled student' compositions and self−efficacy. *Journal of Educational Psychology, 81*, 352~361.

Graham, S. & Harris, K. R.(1989b). Improving learning disabled students' skills at composing essays: Self−instructional strategy training. *Exceptional Children, 56*, 201~214.

Graham, S. & Baker, G. P.(1990). The down side of help: An attributional−developmental analysis of helping behavior as a low−ability cue. *Journal of Educational Psychology, 82, 7*~14.

Hackett, G.(1995). Self−efficacy in career choice and development. In A. Bandura(Ed). *Self−efficacy in changing societies*(pp.232~258). New York: Cambridge University Press.

Hackett, G. & Betz, N.(1992). Self−efficacy perceptions and the career−related choices of college students. In D. Schunk & J. Meece(Eds.), *Students perceptions in the classroom*(pp.229~246). Hillsdale NJ: Lawrence Erlbaum Associates.

Harris, G. & Johnson, S. B.(1980). Comparison of individual covert modeling, self−control desensitization, and study skills training for alleviation of test anxiety. *Journal of Consulting and Clinical Psychology, 48*, 186~194.

Harris, G. & Trujillo, A. E.(1975). Improving study habits of junior high school students through self−management versus group discussion. *Journal of Counseling Psychology, 22*, 513~519.

Hom, H. & Murphy, M.(1985). Low need achievers' performance: The positive impact of a self－determined goal. *Personality and Social Psychology Bulletin, 11,* 275～285.

Howard－Dose. & Winne, P. H.(1993). Measuring components and sets of cognitive process in self－regulated learning. *Journal of Educational Psychology,* 85(4), 591～604.

Jackson, B. & Van Zoost, B.(1972). Changing study behaviors through reinforcement contingencies. *Journal of Counseling Psychology, 19,* 192～195.

Karabenick, S. A. & Knapp, J. R.(1988). Help－seeking and need for academic assistance. *Journal of Educational Psychology, 80,* 406～408.

________________________________(1991). Relationship of academic help seeking to the use of learning strategies and other instrumental achievement behavior in college students. *Journal of Educational Psychology, 83,* 221～230.

Keller, J. M.(1983). Motivation design of instruction. In C. M. Reigeluth(ED.), Instructional －design theories and models: An overview of their current status. Hillsdale, NJ: Lawrence Erlbaum Associates.

Kuhl, J.(1984). Volitional aspects of achievement motivation and learned helplessness: Toward a comprehensive theory of action－control. In B. Maher(Eds.), *Progress in experimental personality research Vol.13.* NY: Academic Press.

________.(1985). Volitional mediators of cognition－behavior consistency: Self－regulatory processes and action versus state orientation. In J. Kuhl & J. Beckmann(Eds.). *Action control*(pp.101～128). New York: Springer.

Loke, E. & Latham, G.(1990). *A theory of goal setting and task performance.* Englewood Cliffs NJ: Prentice Hall.

____________________.(1994). Goal setting theory. In H. O'Neil & M. Drillings(Eds.), *Motivation: Theory and research*(pp.13～29). Hillsdale, NJ: Lawrence Erlbaum Associates.

Macan, T. H. Shabani, C. Dipboye, R. L. & Phillips, A. P.(1990). College student' time management: Corelations with academic performance and stress, *Journal of Educational Psychology, 82,* 760～768.

McCombs, B. L. & Marzano.(1990). Putting the self－regulated learning: The self as agent in integrating will and skill. *Educational Psychologist, 25,* 51～69.

McDevitt, J. F.(1978). *The effects of a study skills workshop in time management on selected achievement variables for college students enrolled in an introductory chemistry course.* Doctorial Dissertation, University of Maryland.

Mace, F. C. Belfiore, P. J. & Hutchinson, J. M.(2001). Operant theory and research on self －regulation. In B. J. Zimmerman & D. H. Shunk(Ed.). *Self－regulated learning and academic achievement: Theoretical Perspective(2nd ed)*(pp.39～65). New York: Lawrence Erlbaum Associates.

McDevitt, J. F.(1978). *The effects of a study skills workshop in time management on selected achievement variables for college students enrolled in an introductory chemistry course.* Doctorial Dissertation, University of Maryland.

Morgan, R. S.(1985). Self－monitoring of attained subgoals on private study. *Journal of Educational Psychology, 77*, 623～630.

Montague, M.(1997). Cognitive strategy instruction in mathematics for students with learning disabilities. *Journal of Learning Disabilities, 30*, 164～177.

Peterson, A. & Woodward, G.(1994). Pete's pathogram drug as a tool to measure the success of the CHOICE education program, *Journal of Reality Therapy, 14(1)*, 88～93.

Piaget, J.(1952). *The origines of intelligence in children.* New York: International Universities Press.

Pintrich, P. S. & DeGroot, E. V.(1990). Motivational and self－regulated learning components of classroom academic performance. *Journal of Education, 82(1)*, 33～40.

Prather, D. C.(1983). A behaviorally oriented the study skills program. *Journal of Experimental Education, 51*, 131～133.

Richards, C. S. McReynolds, W. T. Holt, S. & Sexton, T.(1976). Effects of information feedback and self－administered consequences on self－monitoring study behavior. *Journal of Counseling Psychology, 23*, 316～321.

Robyak, J. E. & Patton, M. J.(1977). The effectiveness of a study skills course for students of different Personality types. Journal of College Psychology, 24, 200～207.

Robyak, J. E. & Sherrard, P. A.(1978). A modular study skills program. *Journal of College Student Personnel*, 470～471.

Schunk, D. H.(1982). Effects of effort attributional feedback on children's perceived self－efficacy and achievement. *Journal of Educational Psychology, 74*, 548～556.

＿＿＿＿＿＿＿.(1985). Participation in goal setting: Effects on self－efficacy and skills of learning disabled children. *Journal of Special Education, 19*, 307～317.

＿＿＿＿＿＿＿.(1989). Self efficacy and cognitive skill learning. In R. Ames & C. Ames(Eds.). *Research on Motivational in Education*, Vol.3: Goals and cognition(pp.13～44). Academic Press.

＿＿＿＿＿＿＿.(1990). Goal setting and self－efficacy during self－regulated learning. *Educational Psychologist, 25*, 71～86.

Schunk, D. H., & Cox, P. D. (1986). Strategy training and attributional feedback with disabled students, *Journal of Educational Psychology, 78*, 201-209.

Schunk, D. H. Hanson, A. R. & Cox, P. D.(1987). Peer－model attributes and children's achievement behaviors. *Journal of Educational Psychology, 79*, 54～61.

Slowic, C. A. Omizo, M. M. & Hammet, V. L.(1984). The effect of reality theory process on locus of control and self concepts among Mexican－American adolescents. *Journal of Reality Theory, Vol.3(2)*, 1～9.

Stipek, D.(2002). *Motivation to learn: Integrating theory and practice(4th ed.).* Boston, Massachusetts: A Pearson Education Company.

Thatcher, J. A.(1983). *The effects of Reality Therapy upon self－concept and locus of control for juvenile delinquents*, Doctoral Dissertation, Kent State University.

Van Zoost, B. & Jackson, B.(1974). Effects of self−monitoring and self−administered reinforcements on study behaviors. *The journal of Educational Research, 67,* 216∼218.

Walter, T. & Siebert, A.(1981). A student success: How to do better in college and still have time for your friends(2nd ed). New York: Holt, Rinehart and Winston.

Weinstein, C. E. & Mayer, R. E.(1986). The teaching of learning strategies. In M. C. Wittrock(Eds.). *Handbook of research on teaching(3rd)*(pp.315∼375). New York: Macmillan Publishing Company.

Wentzel, K.(1989). Adolescent classroom goals, standard for performance, and academic achievement: An interactionist perspective. *Journal of Educational Psychology, 81,* 131∼142.

＿＿＿＿＿＿＿(1991). Social and academic goals at school: Motivation and achievement in context. In M. Maehr & P. Pintrich(Eds), *Advances in motivation and achievement, Vol.7*(pp.185∼212). Greenwich, CT: JAI Press.

Wolters, C. A.(1996). Issues in self−regulated learning: Metacognition, conditional knowledge and the regulation of motivation. Unpublished doctoral dissertation, University of Michigan.

＿＿＿＿＿＿＿.(1998). Self−regulated learning and college students' regulation of motivation. *Journal of Educational Psychology, 90,* 224∼235.

Wubbolding, E. R.(1988). *Using reality therapy.* New York: Haper & Row.

Yarish, P.(1986). Reality therapy and the locus of control of juvenile offenders. *Journal of Reality Therapy, 6(1),* 3∼10.

Zimmerman B. J.(1986). Becoming a self−regulated learner: Which are the key subprocess? *Contemporary Educational Psychology, 11,* 307∼313.

＿＿＿＿＿＿＿.(1989). A social cognitive view of self−regulated academic learning. *Journal of Educational Psychology, 81(3),* 329∼339.

＿＿＿＿＿＿＿.(1990). Self−regulated learning and academic achievement: An overview. *Educational Psychologist, 25(1),* 3∼17.

＿＿＿＿＿＿＿.(1995). Self−efficacy and educational development. In A. Bandura(Ed). *Self−efficacy in changing societies*(pp.202∼231). New York: Cambridge University Press.

＿＿＿＿＿＿＿.(2001). Theories of self−regulated learning and academic achievement: An overview and analysis. In B. J. Zimmerman & D. H. Shunk(Ed.). *Self−regulated learning and academic achievement: Theoretical Perspective(2nd ed)*(pp.1∼37). New York: Lawrence Erlbaum Associates.

Zimmerman B. J. & Bandura, A.(1994). Impact of self−regulatory influences on writing course attainment. *American Educational Research Journal, 31,* 845∼862.

Zimmerman B. J. Bandura, A. & Martinez−Pons, M.(1992). Self−motivation for academic attainment: The role of self−efficacy beliefs and personal goal setting, *American Education Research Journal, 29,* 663∼676.

Zimmerman B. J. & Martinez－Pons, M.(1986). Development of the structures interview for assessing student use of self－regulated learning strategies. *American Educational Research Journal, 23*, 614～628.

Zimmerman B. J., & Martinez-Pons, M. (1990). Student Differences in self-regulated learning: Relating grade, sex, and giftedness to self-efficacy and strategy use. *Journal of Educational Psychology, 82*, 51-59.

허일범 ────────────────────────────────────

　국민대학교 철학박사
　국민대학교 교육대학원 겸임교수
　경기 가납초등학교 교감

　「부모의 학업성취 압력이 초등학생의 자기효능감에 미치는 영향: 목표지향성의 매개효과를 중심으로」(아동
　학회지, 2008, 23권 3호, 공저)
　「초등학교 저학년 인터넷 중독 예방교육 프로그램 개발」(연구보고 07 - 11, 한국정보문화진흥원, 2007, 공저)

이수진 ────────────────────────────────────

　이화여자대학교 학사(철학 전공)
　텍사스 주립대학교 석사·박사(상담 및 교육심리학 전공)
　연세대학교 인간행동연구소 연구원
　정보화진흥원, 인터넷중독예방상담센터 전임연구원
　현) 국민대학교 교육학과 교수
　　　국민대학교 학생생활상담센터 소장
　　　상담학회 아동/청소년상담학회 총무이사

이젠 내 힘으로
공부할 수 있어요

초 판 인 쇄 | 2011년 3월 31일
초 판 발 행 | 2011년 3월 31일

지 은 이 | 허일범·이수진
펴 낸 이 | 채종준
펴 낸 곳 | 한국학술정보㈜
주   소 | 경기도 파주시 교하읍 문발리 파주출판문화정보산업단지 513-5
전   화 | 031) 908-3181(대표)
팩   스 | 031) 908-3189
홈 페 이 지 | http://ebook.kstudy.com
E-mail | 출판사업부 publish@kstudy.com
등   록 | 제일산-115호(2000. 6. 19)

ISBN   978-89-268-2068-1 93370 (Paper Book)
            978-89-268-2069-8 98370 (e-Book)

내일을여는지식 은 시대와 시대의 지식을 이어 갑니다.